聖彼得堡 光與影

圖・文　郭沛一

序

A Nation Too Far[1]（Здравствуите! Россия）

　　人類基因序列裡一定排列著一組所謂「旅行衝動」的基因，不然我們的老祖宗就不會遠從東非縱谷裡走向全世界各個角落。不過我一直認為，咱們人類始祖立志征服天地的熊熊熱情，到我身上應該已經所剩無幾，在同儕中，大概沒有比我更不愛動、更沒冒險精神的人了。平日想把我弄出門，大概得動用開山炸藥；沒有課的日子，我喜歡做「加菲貓式伏地挺身」（趴下去睡一覺再撐起來）來打發時間。只要發電廠沒有跳機，自來水能夠源源不斷流入抽水馬桶裡，我就可以在家裡待到世界末日。出國旅遊？省省時間吧！光看旅遊節目，我可能就把精力給耗光了。

　　正因為如此，在俄國來去的前後，大家都要問我同樣的問題：「為什麼想去俄國？」

　　對此，我的「官方說法」一律是去找論文的相關資料，大部分的人聽了也就接受了。天曉得我連路標都看得一知半解，還奢談甚麼俄國歷史研究？就算真正

1　回目借自考李留斯・雷恩(Cornelius Ryan)的戰爭名著《奪橋遺恨》(A Bridge Too Far))

到俄國街頭，即使是碰到列寧同志復活，我頂多也只能用俄語和他說聲「你好」而已。因此像我這樣一個懶到就快要融化的傢伙，為什麼會突然想要去旅行，而且第一次出國就大老遠跑到俄國去？說實話，連我自己也感到莫名其妙！這些日子以來，我一直企圖重建我當時的「決策思考過程」，希望對自己的旅行衝動做出合理的解釋，最後得到的結論，簡單來說叫「失心瘋」，翻成白話便是「發神經」。

回想二十世紀的八〇年代初期，是蘇聯最強盛的時代（看起來的確是這樣）。在我的青少年時期，當時仍稱為「共匪偽政權」的對岸，只是地圖上晦暗無名聲的板塊。透過好萊塢電影和電視影集，透過穿戴名牌的龐德先生，所謂的「西方世界」都不時提醒你，赤色共黨蘇聯及中國，都是所謂的「邪惡帝國」，處心積慮地要毀滅自由世界……總之，蘇聯是這個世界的萬惡淵藪，是「邪惡帝國」的軸心，蘇聯領導人臉上都有一道邪惡的刀疤，戴著單片眼鏡，長得活像是《時空賤諜007》（Austin Powers）裡的反派首腦Dr. Evil。

不僅如此，KGB的探員被形容是奸詐殘忍，殺人如麻；共產黨官僚毫無人性、紅軍士兵殘酷無情。魔窟莫斯科一年到頭都在下雪，人民總是在風雪中排隊，而且永遠買不到馬鈴薯和衛生紙。一方面極度鄙視醜化，另一方面對於敵方所擁有的強大黑暗力量，又隱隱含有敬畏之意，這就是青少年時期的我對「邪惡帝國」的刻板印象。

沒有想到，「邪惡帝國」忽然在一夕之間竟然就垮掉了，可是邪惡消散後所謂的「自由世界」，卻怎麼好像變得更邪惡了？既然民主已經獲得最後的勝利，大同世界怎麼沒降臨呢？有時想到這個「自由世界」，逐漸變成只有美國說的話才算數，我竟然有點茫茫然的失落

感覺。

　　而冷戰結束後的「蘇聯」（精確一點講是分崩離析後的俄羅斯），理論上是自由了，現實上卻似乎變得更荒謬迷離。在片片斷斷的報導裡，俄羅斯除了偷偷出口核彈頭、生化武器，還有大批失業特工淪為恐怖份子或黑手黨以外，新聞就剩下脫衣女主播、高級賣春女郎。老百姓購物雖然不用排隊了，但還是老買不到衛生紙。法力無邊的「邪惡帝國」突然變成一窩小丑，這是事實？還是西方媒體幸災樂禍的偏頗眼光？

　　但是同樣的這個俄羅斯，竟也輸出高水準的樂團、表演團體和演奏家。

　　普雷特涅夫純淨無比的鋼琴聲，在演奏廳裡迴盪時，連空氣都似乎要為之凝結。產生此等人才的國家，既曾經孕育出普希金、柴可夫斯基這樣的天才，卻也塑造了史達林、赫魯雪夫這般的現代沙皇。俄羅斯的形象，融合了美好與混亂、和諧與殘忍等各式矛盾。

　　因為距離所帶來的莫名神秘感，因為過去與現在錯綜複雜的印象，這一切竟帶給我難言的吸引力。俄羅斯正召喚著我，我像解謎般地，急著想投入這場不可知的旅程……。

目錄

第一篇　白夜之都

第一章

飛躍蘇聯

八月份，我以申請語言進修的名義，到俄羅斯旅行了將近一個月。除了利用週末課餘的時間，跑了一趟莫斯科，絕大部分的時間，都待在聖彼得堡。此地有名的「白夜」已然在縮短，但太陽下山，仍在晚上十點到十二點之間。每天「日出而作，日沒而息」，得以在這個城市的各個角落漫遊，深覺美景觀之不盡；同時，用破爛的俄語與當地人接觸，也獲得了許多新鮮的經驗。

這是我第一次出國。在此之前，離開台灣最遠，也不過就是到澎湖群島吧。搭四、五十分鐘的飛機，吃完一包花生米，飛機就準備落地了。從突然起了念頭要到俄國去開始，便在全無經驗的狀況下，一邊靠著師友的指引，一邊瞎摸。最後還是橫越歐亞大陸，在一個近乎一無所知的陌生城市，度過了一個動人的夏天。

在辦理出國的過程中，像個白痴一樣地瞎摸亂撞，可是自己回頭看看，倒也覺得有

光與影 聖彼得堡

趣。另一方面，回到國內，在書店中翻旅遊書，希望找到些熟悉的景象與回憶，卻發現關於俄羅斯的旅遊書少之又少。不要説聖彼得堡，連莫斯科的導覽都沒有幾本。也難怪身邊的人，對俄羅斯的印象都近乎空白，甚至還有人問我：「現在在那邊吃飯還要不要糧票？」

在最初下了決心、要去尋求一趟令我感動的旅程的時候，憑著直覺，選

定了聖彼得堡，而它也沒讓我失望，給了我所深切渴望的一切體驗。因此，自己總覺得，要報答這個城市所贈與我的一切。尤其當我嘗試著配合拍得頗差的相片、去向朋友們述說這個城市如何令人著迷時，總有點力不從心的感覺。或許只有當他們能用手指沾取聶瓦河的河水，或者撫摸橋畔的欄杆時，才能真正的體會我竭力要告訴他們的一切吧？即使如此，還是想盡可能的寫下一些所見所感，多多少少彌補我口齒笨拙所造成的不足，以及感到太多事情，不知從何說起的慌亂……。

　　在回程的飛機上，我試圖對坐在旁邊的年輕人說明，聖彼得堡是多麼好，多麼值得一遊，尤其是夏天的「白夜」奇觀更是少見。他說：「沒錯，在我們挪威那兒，也是這樣」。感覺上好像在街上發給人家「現在報名高中重考班可享八折優惠」的傳單，然後發現她是你高中老師一樣。不過，在台灣做這種事，出糗的機會想來會少些吧？希望有人在看了我所寫的東西之後，心裡能夠興起這樣的念頭：「有機會我也想去看看！」

第二章

恐怖伊凡 [1]

——我要把你的肝配青豆吃！

辦理簽證的莫斯科台北辦事處，位於基隆路與信義路交接口的震旦大樓內，進門處除了幾張桌椅，就是兩個用厚厚玻璃密封的小櫃台，當我還在探頭探腦的時候，伊凡先生突然就在櫃台後現身了。（其實也不知他叫什麼名字，只是每次都要叫他「莫斯科台北辦事處申請簽證櫃台後面的那個先生」實在太麻煩了）。

身為我首次接觸的俄國人，伊凡先生真是令人印象深刻，他的金髮理成極短的平頭，一副摔角手身材，肩膀比我寬了百分之三十。魁梧至極，還長著一張磚塊臉，臉上帶著一副「有屁快放，不然俺扭斷你脖子」的表情（這也許跟我在太接近他的下班時間才上門有關）。作為俄羅斯帝國的守門者，沒人比他更合適了，每當看到他殺氣騰騰地在玻璃後出現，總讓人想起《沈默的羔羊》（The Silence Of The Lambs ）裡面的場景。

他在玻璃窗另一頭拿起話筒，我這頭的

[1] 伊凡四世，又稱「雷帝」伊凡，以恐怖統治聞名於世，故又稱「恐怖伊凡」。

19

擴音器便傳出他生硬的中文：「什麼事？」。我戰戰兢兢把申請到的
聖彼得堡大學進修許可，放進他推出來的小抽屜裡（真搞不懂，簽證
櫃台為何要採用這種監獄式的設計？讓我覺得自己好像被探望的受刑
人一樣。或許，他們是怕我的手被伊凡先生咬掉）。他拿起來後瞥了
兩眼，推出一張繳費單，吐出了三個字：「去繳錢！」。等到把樓下
繳完錢的收據連同個人資料拿給他後，他說：「明天來拿！」。他才
說了十個字，就把人打發了，而我呢，直到去樓下喝了杯咖啡之後，
才恢復了語言能力。

莫斯科台北經濟文化協調委員會駐台北代表處
Moscow-Tapei Economic and Cultural Coordination
Commission in Taipei

地點：台北市信義路五段2號10樓（震旦大樓）

電話：（02）8780-3011

傳真：（02）8780-2511

備註：申請俄國簽證一定要先取得俄國方面的邀請函，而遊學者要
　　　申請學習簽證，需要由欲就讀的學校發出邀請函。

第三章

無味的航程與有味的餐點

搭乘荷蘭航空（KLM）的飛機，飛經曼谷停留一小時後，就沿著歐亞大陸下緣，經過印度、阿拉伯半島、土耳其、烏克蘭，在基輔附近轉向直往西，經過波蘭、德國，到達阿姆斯特丹，降落於史基普機場，全程大約十四小時左右。

對於這趟飛行，只能用「無聊」兩個字來形容。因為是向西飛，一路上都裹在無邊的黑夜當中，啥風景都看不到。坐在旁邊的印度籍女人大概是說德語的（凡是聽不懂的歐洲語文，我一律假設為德語），除了吃飯以外，她看起來都處於「禪定」的狀態，我可不敢打斷她清修，免得因此走火入魔，千年修行毀於一旦。

只好電視放什麼就看什麼吧。唯一有國語字幕的節目是電視影集《霹靂嬌娃》（Charlie's Angels），看到片子裡的布魯斯威利還有很多頭髮，其年代之久遠就可想而知了；好不容易放了一部劇情長片，竟然用

法文發音配荷蘭文字幕！為了打破語言的隔閡，建議荷航應該選播一些充斥大量「國際語言」的片子才是，例如《魔鬼終結者》、《第一滴血》啦……（畢竟爆炸聲與中槍的慘叫，世界各地都是一樣的）。除開這些時段，在電視上就只能看到一些沒字幕的旅遊節目了，總歸一句話，經濟艙的節目真是難看到讓人瀕臨腦死。

　　除了飛經喜馬拉雅山脈附近時，碰到長達半小時的亂流外，唯一能為這單調旅程增添一點光彩的，大概就只有吃飯了。整個航程中有三頓飯可以吃，荷航的飛機餐真是美味極了，尤其是把附送的整塊牛油，塞進烤得香脆的熱餐包中一口吃下去，那滋味真是棒極了。空中小姐的服務也非常親切周到，不禁讓人胃口大開。長時間的昏睡不動，再加上填鴨式的飛機餐，這趟航程再坐久一點，回程我可能要因為超重而要改搭貨艙了。

　　到達阿姆斯特丹，是當地時間五點二十六分。必須再等八小時，才能轉機到聖彼得堡去。行李自動轉運了，所以除了把握機會寫寫明信片寄回家裡去之外，就在史基普機場裡四處逛逛。這個據說是全世界流量最大的機場，建設得美輪美奐，內部一應俱全，連育嬰室、教堂以及賭場都包括在內。我一邊嫌一張一美元的明信片貴得離譜，一邊把五塊錢美金丟在賭場的吃角子老虎裡，錢入虎口，自然是有去無回。

　　飛向聖彼得堡的旅客少得多了，我找了靠窗的位子隨便坐，飛機下的歐洲大陸一覽無遺。一路向西飛行，西歐有如拼圖般色彩鮮豔的農田景色，逐漸被東歐廣大的草原，及單一作物的麥田所取代。即使身在高空，也無法望見大地的邊緣。俄國的廣闊平原素有「大地之

母」的稱號，從空中看去，大到讓人摒息，不禁讓人想到：當年跨越
蘇聯邊境的德國軍隊，首次面對這片他們企圖征服的無邊大地時，
除了興奮，內心是否也隱隱感到疑慮與恐懼？拿破崙也好，希特勒也
罷，初履俄境之時，都懷抱著吞天的自信與野心；當年在溫煦的陽光
下踏過麥田的年輕士兵向莫斯科進攻之時，可曾想過即將面對的卻是
鮮血與烈火；這些俱消逝於漫天冰雪裡！！

　　飛了兩小時終於到達聖彼得堡。

　　機場大得出奇，飛機降落之後，還在跑道上滑行了很長一段距
離，才接近航空站。但是跑道兩旁的水泥四處龜裂，雜草叢生，久久
才看到一架飛機或直昇機停在一旁。機場規模很大，卻掩飾不了因貧
窮所帶來的窘況，這是我日後在俄國到處逛時，常常會興起的感慨。
等到飛機到達航空站，更是叫人眼珠都要掉出來——堂堂人口四百萬
的俄國第二大城市，其國際機場（出入境）大廳規模只有澎湖航空站
的大小！！

　　從下機一直到入境，所見到的機場設備，更加深了這個印象。
雖然機場頗為整潔，仍顯得陳舊，入境櫃台更是暗沈沈的。從鮮亮進
步的荷蘭史基普機場轉機來到此處，有點時光倒錯的感覺。打個比方
吧，這就好像從台北火車站上車之後，一覺睡醒，發現火車停在台灣
東部鄉下的一個小站，而唯一的一個月台，竟然水泥處處龜裂，旅客
還得自己拎個行李跨越鐵路，才能走進彷彿是日治據時期留下的車站
建築，閘口處除了一個有氣無力的收票員外，午後的候車室中就只有
麻雀上下跳動而已……

　　胖胖的俄國女海關倒只瞄了我兩眼，就讓我這來自東亞的稀客輕

鬆入境了，真是讓人鬆了一口氣，不然她要是用俄文問我問題，我八成會連自己的名字都說不上來。

第四章

聖彼得堡初體驗

城市之門

　　出了機場，接機的司機已在等候了，同行的人和行李，把小小的箱型車裝得滿滿的，大家被迫要把手腳插在行李的空隙裡面，然後用後腦頂住搖搖欲墜的巨型行李箱。還好司機開得頗為平穩（對照日後見識到的「標準」俄國司機，這實在是很反常的事情），否則只要來個緊急煞車，車後座就要變成乘客的埋骨所了。塞在這個鐵罐車裡頭，很快就熱起來了，雖然司機堅稱已經把冷氣打開，但乘客們都還是感到呼吸困難。實在忍不住了，有人決定打開窗戶再說，窗外忽然灌進了20℃左右的清涼空氣，剎時暑氣全消，大家在紛紛用母語「感謝」俄國車的冷氣之後，才總算可以不必擔心生命安全，也稍微能夠輕鬆觀賞沿路的市區風景。

　　從機場進入聖彼得堡市區的標誌極其明顯，八線大道的末端是巨大的圓環，圓環上豎立著約有三層樓高的各式男女雕像，代表

了俄國的工農兵等各階級，圓環地下為聖彼得堡（時稱列寧格勒）圍城紀念館。圓環兩邊各有一棟十層左右的大樓相對而立，大樓上掛著巨幅的標語，使其與圓環的主題成為一體——「紀念1941-1945偉大愛國戰爭[1]的勝利！！」這場戰爭對俄國人的影響，將在之後提及，但是作為一個城市的門面來說，整個圓環主題之鮮明，規模之浩大，著實震撼人心。如果又小又舊的國際機場讓人感到失望的話，這整座紀念建築，會讓人對俄國的巨大雄偉恢復信心並驚嘆不已。

　　進入市區，映入眼簾的是寬闊藍天下、覆蓋著宛若無盡的林蔭道路。整條路由中間的有軌電車道分隔開來，兩節式的電車鏗鏘滑過嵌在石板上的軌道，頂上的天線間歇爆出零星火花；路兩旁的房子古意盎然，除了幾個櫥窗鑲有霓虹燈裝飾外，建築物的門面大致維持原貌；微風沁人心脾的午後，行人緩緩來去……在這剎那之間，四周的時間流動似乎放慢了，長途飛行帶來的緊繃也為之舒緩。如果在這城市的門口，感受到的是它的剛強與自傲；在這裡所體會到的，則是他

和善優雅的一面。這兩種截然的面貌，卻都是這城市整體性格的一部份，有若處身其間的俄國人民。

　　聖彼得堡是彼得大帝於一七〇三年所建，彼得在從瑞典手中奪得第一塊與波羅地海相接的領

1　即俄國方面對第二次世界大戰的官方稱呼

土之後，立刻著手建立新都城，他與瑞典的戰爭隨後持續了七年，才獲得決定性的勝利[2]。這麼急切地在戰線後方營建首都，大概是史上少有的。就這點可以看出彼得大帝對西方化的嚮往，以及他性格裡充滿衝勁的一面。

聖彼得堡是彼得大帝在河流出海口的沼澤上憑空建立起來的。因此以穿過市區的聶瓦河為中心，向外延伸出密如蛛網的運河系統，據說總長度有三百公里左右。以這種密度來說，幾乎從這個城市的任何一點出發，步行十分鐘之內，定然可以碰到河道或者是海面。在這個被稱為「北方威尼斯」的城市裡面，將水道稱為城市之魂，是頗為貼切的。

我向來喜歡水（只喜歡看，至於進去浸一浸就敬謝不敏了），總覺得這世上沒有比海潮來去更動人的畫面了（海邊再站上一個美女當然更好），所以當小貨車通過一道道的橋樑駛向宿舍時，我的情緒越來越高昂。如果說看到緩緩流動的聶瓦河令我想歡呼的話，那麼來到了宿舍，可就簡直讓我高興得要流淚了——宿舍居然就座落在芬蘭灣旁，接下來的一個月，都可以住在海邊！

聶瓦河

聖彼得堡本身被聶瓦河的主流和分支切割成幾個大島。不同於溫暖的威尼斯，這個北方水都，在冬天水面是會結凍的。城市居民的

2　今天聖彼得堡大學的圖書館，據說是當時對瑞典作戰
　　的指揮部所在。

交通因此還是以陸路為主。因此整個城市，是由無數的橋樑連結起來。城市橋樑的數量很多，而且其中沒有一座是相同的。不論大橋小橋，除了結構各有巧思，在細微的地方，諸如橋邊的欄杆花紋、路燈的式樣，甚至幾座有電車通行的大橋，橋上供電的電線杆，其設計都是匠心獨具，美輪美奐。

　　除了橋樑之外，沿著聶瓦河的兩岸，建築著許多渡口。渡口兩旁，通常矗立著相對稱的雕像或裝飾物品作為標示。聖彼得堡列賓美術學院前的渡口，盤據著一對一八三二年由埃及的底比斯運來的人面獅身像，在托洛斯基橋附近的一個渡口，則立著一對石獅，上面的「大清光緒卅年」字樣還清晰可見（據說是俄國政府，向清朝買來的）。渡口石製的短階梯伸入河面，提供了接近水面的大好機會，好幾次見到俄國的新人和親戚們，聚集在渡口拍照，共飲香檳慶祝。

　　走累的時候，找個水邊的階梯坐下，一邊看著晃盪的波浪，來去的船隻，一邊餵食魚或海鳥，疲累頓時全消。這大概就是所謂的「暖風薰得遊人醉」吧，陽光和煦，清風吹拂，天地間彷彿只剩下自己，除了河水拍岸的細碎聲音，完全是一片寧靜。

　　不禁會想，台北是個有勁的城市，充滿了讓人振奮的五光十色；可惜的是街上的行人總是來去匆匆，為了逮住人們的注意力，整個城

市動用了更加絢麗的光影，與浮動不停的資訊、聲音。因為被強加了太多的訊息，使得我們反而忽略了自己真正的感受與需求，於是在台北的街頭活動裡，每個人的身體，僅僅成為一個載體，流於不停的走動、不停的消費，永遠在籌畫怎麼趕到下一處，一攤接著一攤⋯⋯而靜靜的駐足，竟然成了一種奢侈。當回到台北的時候，面對機場裡此起彼落的手機聲，突然感到一股難以負荷的焦慮，這麼個活力充沛、城開不夜的地方，大家都停不下來，可有誰知道到底該往哪裡去？

野蠻的海鳥

作為一條穿過城市中心的河流，聶瓦河能這麼乾淨，真是不可思議，沿著河岸的水甚淺，大約在一公尺半左右，河水清可見底。搖曳的水草間，有許多食指長度的小魚來來去去，餵魚便成為不錯的餘興節目。

不過跟餵食那些笨頭笨腦的大眼魚相比，餵海鳥更有趣味。連接瓦西里島及對岸冬宮的宮殿橋，是聖彼得堡的觀光要衝，以此為中心一公里範圍內，包括了六成觀光客必到的景點——海神柱、彼得保羅要塞[3]、冬宮、浴血教堂、聖以撒教堂[4]、喀山教堂[5]、俄羅斯博物館⋯⋯。

等等，這跟海鳥有什麼關係？簡單來說，有名勝就有遊客，有遊客就有食物。雖然吃鮮魚比較符合健康潮流，不過跟喜歡餵鳥的冤

---

3 Peter & Paul Fortress, 在日記中因為寫起來很麻煩，都簡稱為P&P.F.後面會再加以介紹

4 St. Issac Cathedral，簡稱I.C.。

5 以上三者合稱聖彼得堡三大教堂

大頭討吃，更是容易。聖彼得堡的海鳥都乖成精了，聚集在宮殿橋附近的海鳥，恐怕比海邊還要多。為了爭食，其中勤奮點的，就演化出許多種空中拋接麵包的特技花招；懶惰一點的，就要懂得裝可愛和耍賴。有一次，正靠在河岸欄杆上祭五臟廟，一隻海鷗準確的降落在我面前一尺處的欄杆頂上，從與人視線平齊的位置瞪著我，一邊大叫，只差沒動手把我塞在嘴裡的食物也摳出來。這種惡劣行徑簡直不是乞討，而是搶奪了，不過這種無恥到極點的「鳥」行為，實在讓人大開眼界，所以我還是賞了這隻「禿鷹」一頓俄國牛肉包子。

聶瓦河在近海處分成幾條支流，宮殿橋正處於這個分岔的位置，因此從橋上往上游望去，河面驟然寬闊了數倍。聶瓦河平直的河道一直延伸到地平線的盡頭，隱藏在一片迷濛中。近處則可看到左岸的彼得保羅要塞，及右岸的冬宮，冬宮前的碼頭，是聖彼得堡水上交通的要處；各式的船艇與水翼船[6]來來去去，在灰藍色的水面上，翻捲起道道雪白的浪跡，於晴空照映下，相得益彰。

開橋時刻

除了客運之外，聶瓦河本身也是重要的貨運管道。為了讓大型船隻通過，約略十座聯島的重要橋樑，都設計成能從中間開啟，因此「開橋」就成為聖彼得堡頗負盛名的景色。由於開橋的時刻持續非常久，同時這段時間內路上交通勢必斷絕，因此都訂在凌晨一到四點之

6　水上交通工具，船頭下方裝有小型的划水板，當船速加快之後，會將船頭抬起減少與水面的接觸面積，因此速度快而平穩，為聯絡聖彼得堡與芬蘭灣沿岸地點的重要交通工具。

間開啟。可惜的是，八月去的時候白夜已縮短，太陽在午夜就下山，只能在黑夜中觀賞了。如果在白夜最長的六、七月左右，半夜仍十分明亮，開橋的景觀就更有看頭了。

一點半左右到達了宮殿橋旁，橋頭三三兩兩聚集著觀賞開橋的人，即使是夏天，夜晚的戶外寒氣仍十分凜冽。同伴們一邊低語，一邊搓著手取暖。彼岸的冬宮和海軍總部，各自有外部的燈光投射在建築上，而宮殿橋沿著橋身也有燈飾，再加上瓦西里島這邊的大學和博物館各有照明。這些泛著幽光的建築物，在沈沈的夜色中，從彼岸到此岸融成一片，散發著和白天相異的另一種典雅氣質。

時間一到，警察便用路障將橋頭引道封閉起來。橋開啟的一刻，對岸燈光剎時間全滅，橋從中段約三十公尺寬的部分斷開，各自向兩頭緩緩升起，移動的橋面上升到趨於直角才停下來。一片黑暗中只剩下橋兩頭的探照燈光，照射著聳立的橋面，此時橋的欄杆及其上的電車電纜柱都和地面平行，有點超現實的味道。

俄國名導演愛森斯坦（Sergei Eisenstein）的作品「十月」中，就利用了這個場景，他讓一輛馬車倒在這個橋樑分開處，當橋樑被升起以阻絕民眾的時刻，馬車被掛在橋頭緩緩拉高，最後在橋面達到垂直的時候，車轅斷裂，馬匹墜入河中，馬車則墜落橋面而粉碎。

橋面打開後不久，貨船便駛過這個開口，往聶瓦河上游而去。在朦朧的黑夜中，目睹這樣的龐然大物從眼前疾駛而過，帶給人一種難言的振奮。

聖三一橋

　　聖三一橋是聖彼得堡幾座大橋中最好看的，跨越聶瓦河較為寬闊的上游，和宮殿橋遙遙相對。這座橋因為橋身較長，設計師有了更多的空間，為之增加色彩，從橋頭標示橋名的牌子、典雅的路燈設計、鏤花的電車纜支柱，到橋中段的守衛亭及橋畔的欄杆，都極盡巧思；不管是橋樑本身，或是從橋上望去的風景，都有其動人之處。

四馬橋

　　正式名稱為阿尼契科夫橋，不過問當地的留學生，沒半個人知道他的正式名稱（這是後來查導覽手冊才發現的），因為大家比較熟悉的是他的另外一個名字——四馬橋。位於橫跨噴泉河的聶夫斯基大道上[7]，橋兩頭各自有一座人在馴服野馬的雕塑，動作各異，神態逼真。據說橋上的野馬有兩匹有釘馬蹄鐵，另外兩匹沒有；可惜每次經過時都趕著去打牙祭（此橋位於通往聖彼得堡唯一一家肯德基的要衝），當因為走了四五個小時而兩眼昏黑的時候，很難記住要去好好看上兩眼。

　　對於一個擁有約八百座橋樑的城市來說，僅能列舉其中較常見到的幾座。運河上有各種為遊客安排的水上之旅，從水面上觀看橫跨運河上的大小橋樑，又另有一番味道（換個方向來說，靠在欄杆上往下

7　聖彼得堡的最主要大街，為城市中心

看著經過橋下的遊客人生百態，也很有趣）。

　　題外話，如果想從電影去理解聖彼得堡。《黃金眼》（Golden Eye）算是比較知名的一部，不過觀眾的注意力，大概都集中在龐德的那台戰車對建築物的驚人破壞力（還有能不能救到女主角），誰會在乎他撞掉的是哪座沙皇雕像呢？相較之下，比較有參考性的該是《飛越蘇聯》（White Night）[8]，這裡面有不少聖彼得堡的漂亮街景與橋樑。不過話又說回來，該片中的車子在街上走的時候，觀眾也只關心主角一夥人來不來得及趕到美國大使館而已。反正我也是隨便說說，有興趣的人不妨將就看看，也許能得到些劇情之外的附加樂趣。

8　突然發現這兩個英文片名有種對比上的趣味

第五章

城市簡史

雙城記

　　提供一些聖彼得堡的歷史背景知識，對於體會這個城市的氣氛與人民，是有幫助的。不過，先提出警告，如果有人看到「歷史」兩個字，腦子就開始缺氧的話，那這一章就跳過去吧！

　　彼得大帝在發動軍事政變、囚禁了他的姊姊蘇菲亞[1]之後正式親政，他一心嚮往西方文明，在由瑞典手中取得俄國第一個出海口之後，便立刻營造新都，動員了十萬的奴工，在沼澤上建立了聖彼得堡。當時首先營造的建築物，就是扼守了聶瓦河分叉點的彼得保羅要塞，其動工日是一七〇三年五月，也被視為聖彼得堡的建城日。整個城市便以其為中心，向外發展。除了一七二八年短暫

1　據說這個蘇菲亞個性堅毅而富有政治才能，才二十五歲，看起來已經像是四十歲左右，並不像是≪鹿鼎記≫裡所形容的那個無腦的金髮美女。不過彼得大帝便是蘇菲亞推翻的沙里紫娜達莉雅（韋小寶口中的「羅剎老娘子」）之子。

的遷都回莫斯科[2]之外，彼得之後的歷代沙皇，都不斷的建設此城市，聖彼得堡因此成為俄國財富與文化匯集所在[3]。在歐洲的名城中，聖彼得堡的年紀只能算是小老弟級的（剛滿三百年），不過歷代統治者，發揮具有俄國特色的蠻幹精神，讓這個城市的水準，很快與西歐各國首都並駕齊驅。

就如彼得大帝本來的意圖，聖彼得堡作為俄國面向西方的門戶，以及俄國西化的指標，整個城市的風格，都是比較傾向於西方式的。這與營建已經八百五十年左右、深處內陸的莫斯科、所具有的濃厚俄國本土風格，自然有很大的不同。不過莫斯科獨享了五百多年的首都地位，突然之間家裡來了個小老弟，還後來居上的當家作主，不免有點不是滋味。想來就如俄國內部，對於西化與本土化路線的爭執，莫斯科與聖彼得堡地位的升降過程，倒也反映了這種對抗的僵持不下。

一九一八年，列寧為了抵抗入侵的德國軍隊，以及避免日後的白軍[4]及反共外國勢力的威脅，決定將首都從靠近西方前線的聖彼得堡遷回莫斯科，兩個城市的地位因而反轉，聖彼得堡也被改名為「彼得格勒」[5]。被去除了城市名稱前的「聖」，似乎也象徵了該城市由雲端被打回凡間的處境。一九二四年，聖彼得堡更為了紀念列寧而更名為「列寧格勒」，從此，這個俄國第二大城一直受到明顯的偏差待遇；如果莫斯科的預算是台北市級的首都預算，聖彼得堡拿到的，大概只

2　彼得大帝於一七二五年去世。

3　彼得在建城的初期數年，禁止全俄國用石頭蓋房子，全部石材都必須運到聖彼得堡作為建材。

4　俄國內部反共產勢力的通稱。

5　Petergrad, grad是俄文的「城市」之意，全名也是「彼得堡」之意，共產革命後為了去除地名中的德國風味而將Peterburg中的burg改成grad。

有嘉義市級的省轄市預算而已。中央政府長期的輕忽，使這個城市一直在困乏的邊緣掙扎。可以看到街上有軌電車的車殼上，佈滿了斑斑的鏽跡，巴洛克式的富麗城市外觀之下，仍能觀察到捉襟見肘的困窘。到今天為止，兩個城市間所結的樑子還是沒解開，聖彼得堡認為莫斯科是粗野又沒教養的暴發戶，莫斯科認為聖彼得堡的傢伙都是一些只會擺臭架子，自以為有氣質的窮光蛋。二○○○年俄國的新統治者普丁與他的統治班底，被稱為「聖彼得堡幫」，也許政治勢力的抬頭，可以為這個城市帶來新的機會與活力。

紅潮來襲

理論上列寧格勒（提及聖彼得堡過往歷史時，用當時名稱列寧格勒）是共產黨聖地：十月革命在此發生，城市並且以蘇共之父列寧為名，蘇聯應該視之為革命的精神地標才對。希特勒的觀念便是如此，所以他很固執地要將這個城市從地球上剷除，反而放了莫斯科一馬。很多人相信，他葬送了數十萬大軍在史達林格勒攻防戰（現伏爾加格勒）裡，只是因為這個城市，以他討厭的史達林為名。不過他萬萬也沒想到，史達林比他更討厭列寧格勒這個城市。

一九一七年的共產革命，是在聖彼得堡發起的，當時駐紮在芬蘭灣的克隆史塔德海軍基地水兵的參與，一般相信是十月革命成功的重要因素之一。

但到了一九二一年三月二日，因為對列寧的「戰鬥的共產主義路線」反彈，克隆史塔德海軍基地的水兵發動叛變，號召發動第三次革

命，成立「沒有布爾什維克份子參加的蘇維埃政府」[6]，列寧派出紅軍元帥圖哈契夫斯基加以鎮壓，並由當時的國防部長托洛斯基親自督戰，雙方激戰十多天後，紅軍弭平了叛亂。俄國人對待「叛徒」的手段，向來極為殘酷，想來芬蘭灣底的沈屍，是很難數清的。

對視鬥爭為歷史前進動力的統治者而言，死一個人當然不算什麼，死上一百萬人，也不過是「統計數字」的問題。總之，列寧格勒在通往「社會主義天堂」的路上所留下的污點，如果列寧清洗的還不夠乾淨，史達林正打算接手……。

一九三四年十二月一日，共產黨內初升的明星，列寧格勒黨部總書記基洛夫竟在黨部內被開槍擊斃。雖然對於殺手是否由史達林所指使的爭論，至今未曾平息，起碼史達林抓住了這個機會，以追查暗殺主使者的名義，展開橫貫整個三〇年代、受害者達兩千萬人以上的全面大整肅。成千上萬的無辜受害者，或者未經審判卻在秘密警察的槍下斃命，或者在西伯利亞的無邊雪原上苟延殘喘。

史達林清算昔日同志毫不手軟，他們被以與托洛斯基派、日本、德國……（選項有很多，就看審判者的想像力如何）勾結的罪名處死，紅潮掃過整個共產黨組織及軍隊，這就是電影《烈日灼身》（Burnt by the Sun）的背景，列寧格勒身為刺殺基洛夫的「陰謀反黨組織」的大本營，受害極深。

史達林的農業集體化政策，使數以百萬計的農民，在被迫離鄉他遷的途中，無聲無息的餓死；從黨的中央委員到水管工人，無一不

6　其意為反對共產黨，而主張建立近似二月革命的政體。

被大整肅橫掃。如果希特勒晚幾年入侵，放任蘇聯人繼續這樣自相殘殺個幾年，搞不好俄國人倒反而先死光了。關於史達林統治下的受害者到底有多少人，歷史學家長年爭論不休。不過對無聲的死者而言，恐怕沒有太多意義，恐怖的本質是不能用數字來計量的。為什麼這麼做？為什麼要把全體人民視為敵人？或許史達林自己都未必說得出所以然來，旁人難以了解的偏執，身陷其中者常常一無所覺。

血海狂濤

　　如果從被史達林或希特勒統治，兩個中間選一個，俄國人要怎麼下決定？一九四一年六月二十二日，德國入侵蘇聯，才八月，德軍就打到了列寧格勒大門口，九月時城市的陸上交通已完全被截斷，長達八百八十天的圍城開始了。城中的糧倉在開戰不久，就被德機的轟炸所炸毀，接著俄國有名的嚴酷寒冬降臨……城市斷了電、斷了糧，還有德軍不斷的砲擊及轟炸，不可思議的，列寧格勒在寒冷與飢餓中抗敵苦撐。

　　描述圍城期間的悲慘或動人的故事太多，多到反而無法下筆，在此只提出一個最常被引用的例子來說明圍城期間的情況。無助的小市民在被世界遺棄的角落裡掙扎，但唯一回應他們的往往只有死亡。列寧格勒市立歷史博物館，保留著幾頁從兒童筆記本上所撕下來的記事，每頁的頁首都印著一個俄文字母，這是當時十一歲的小學生妲雅·沙維雪瓦所記下的：

Z—蓁雅在一九四一年十二月八日死了

B—奶奶在一九四二年一月二十五日死了

L—雷卡在三月十七日死了

M—媽媽在五月十三日死了。死光了，只留下妲雅……

妲雅後來也死了。

一九四一年到四二年圍城戰最嚴酷的時期，列寧格勒每天有將近六千到一萬人死亡。很多人就這麼在路上拖著蹣跚的腳步，走累了就側倒在地，從此不再起身……，整個戰爭期間，列寧格勒的死亡人數可能在一百五十萬上下。這是這個城市最黑暗的一頁，不過熬過這一切的人終究見到了曙光。

聶夫斯基大道末端的莫斯科火車站[7]對面的大樓頂上，聳立著巨大的俄文字：「列寧格勒：英雄城」，這是一整個城市的驕傲。在這個城市中，可以最深切的體會到戰爭的殘酷與愚蠢，另一方面，卻也最能發掘到處於人類靈魂深處的寶貴情操：勇氣、堅忍與彼此關愛扶持。

這邊引用Harrison Salisbury在他的著作《列寧格勒九百日》的結語作為這個難以盡言的故事的註腳：

7　在聖彼得堡搭乘通往莫斯科的火車的地方叫做「莫斯科火車站」，同樣的莫斯科當地通往聖彼得堡的火車站則稱做「列寧格勒火車站」。

史達林死了。

日丹諾夫[8]、柯斯聶佐夫[9]、波可夫[10]、戈伏洛夫[11]也都死了⋯⋯
唯有九百天的往事長在人心

8　列寧格勒圍城期間的黨部總書記，是當時實際上的領導人。戰後被史達林鬥倒，同時也引發列寧格勒
　　的新一波血腥鬥爭與政治洗牌。

9　日丹諾夫助手，副書記。

10　列寧格勒市長。

11　列寧格勒防線總司令。

第六章

河濱散記

重新再回到聶瓦河邊，隨我慢慢遊歷這個城市吧……

每天的城市生活，幾乎都從聖彼得堡大學開始，跟大部分的歐洲大學一樣，學院散布市內各處，我上課的語言中心與文學院，則處於聶瓦河畔的總部內。學校前面就有碼頭，過了宮殿橋就是冬宮了。同伴們開玩笑說，不如湊錢買艘船，就可以從宿舍旁的芬蘭灣上船，直接開到學校前下船，省得還要等公車。理工學院則在市郊，從城市裡還得坐上三十分鐘的通勤火車才到得了，想到理工學院，受到這種彷彿被放逐一般的待遇，不知怎麼搞的，我有種阿Q式的愉快感覺。

動物標本博物館和珍奇異物博物館

往冬宮的方向走，會先經過動物標本博物館。市內博物館的總數超過兩百個，不過大部分都像這個一般——舊舊的建築，小小

的門面，門旁鑲著讓人有看沒有懂的小小俄文銅牌；售票處常設在裡面，外面看來跟雜貨店沒啥差別。好在「博物館」這個俄文字我還看得懂（和英文發音頗接近），至於是展覽什麼就不得而知了，反正看了絕不會吃虧。其中動物標本博物館最有名的收藏就是長毛象，包括骨架，以及從永凍土底層挖出、保存完整的遺骸，這是世界獨一無二的。

　　動物標本博物館隔壁是珍奇異物博物館，主要是保存一些彼得大帝收藏品。因為凡事好奇，彼得的收集很廣泛。雖然有人極力推薦我要去那裡開開眼界，我卻從沒進去看過。因為他提到裡面有些收藏品，我想到冒冷汗，簡單來說，就是一些，呃……「泡在瓶子裡」的東西！！

海軍博物館

　　再過去就是海軍博物館了，整個博物館頗有雅典巴特農神殿的風格，相當雄偉，正門上還豎立著海神波賽頓的雕像。不過很漏氣的是他的三叉戟中間斷了一根，魚叉可變成獵叉了，海神上陸，俄國海軍可威風不起來了。更窩囊的是大門封閉不能走，繞著走了兩圈，都不得其門而入，還以為休館了。後來硬著頭皮走進唯一的小門，竟然卯對了。之所以會讓人這麼遲疑，是因為那扇門開在一個小角落，樣子很像廁所的管道間。雖然大家說俄國什麼都大，不過海軍博物館的門真的很小。

海神柱

　　聖彼得堡的地標海神柱，就在海軍博物館的正對面。它在瓦西里島面對聶瓦河分支點，這個半圓形的平台，其上左右相對，各立起一支燈塔，柱身成紅色，其基座刻著海神以及船舶的雕刻，就像是一對燭台。在特殊的日子裡會加以點燃，火焰衝宵好看得很。（他的正式名稱是聶瓦河導船柱，不過覺得叫海神柱也很傳神貼切）。

　　聖彼得堡街上有一種賣集郵冊的小販，他們把蘇聯時期的郵票，收集成一本本的冊

子，販售給觀光客。蘇聯郵票甚是精美，各有主題，花樣繁多，這種冊子也都整理得頗用心，倒是很好的紀念品。似乎兜售集郵冊的小販都習慣到海神柱這兒，又，所碰到的郵票小販都是聾啞人士，這是不是他們的一種專賣品呢？我是滿樂意和他們做生意的，畢竟，能夠不用把我的破俄文拿出來現世，總是一件好事。

彼得保羅要塞

　　過了海神柱繼續沿著河岸走，就可以到達彼得保羅要塞──聖彼得堡的發源地。採用當時西方最先進建築技術所建造的六角形稜堡，因為一再改建，堡內構造複雜多端，裡面的一些機構如造幣廠，到今天都還在運作。正中間的尼古拉教堂，可以說是羅曼諾夫王朝的家廟，包含彼得在內的歷代沙皇靈柩都安放在裡面。這座教堂高高的尖塔在市內各處，看來都十分耀眼，但是走近一看卻是斑斑駁駁；遠看是金的，原來只不過是塗了黃漆，讓人失望了一下下，「皇陵」好像該氣派點才對？不過話又說回來，中國皇帝把陵墓造得氣派無比，到今天反而落個不能入土安息。運氣好點的，人家不過進來研究一下室內裝潢；遇到存心來搶的，就更不用說了，像是孫殿英一夥，用炸藥把慈禧的陵墓轟開，老佛爺的元神不管是不是真的成佛，總之肉身可沒安置之地了。

　　我雖然對俄國史有興趣，但對於核對棺材裡躺的是誰，可不怎麼有勁。末代沙皇尼古拉二世一家的遺骸，則另外放在入門處。牆上一塊塊並列的大理石板，刻著沙皇夫婦及子女的名字。這個家庭中知名

度最高的就要數安娜塔西亞公主，多年來與她有關的各種傳言甚囂塵上；然而在這裡，俄羅斯官方則認定，她與沙皇全家一樣，當時便全部被處決了。所以安娜塔西亞的卒年，與其他家人相同。

最近在俄國似乎吹起一陣替尼古拉二世翻案的風潮。尼古拉二世被描述成是一個好父親、好丈夫，急切的愛國者。然而他的命運，被注定破敗的俄羅斯帝國拖著走，既無力回天，又擺脫不了生為沙皇的宿命，最後竟以身殉。對俄國人而言，對沙皇評價的轉變，背後有許多複雜的心理因素。也許是出於對沙皇一家不幸命運的悲憫，也許是出於歉疚。在這個兩盞火光緩緩搖曳的靈柩前，堆積著各式的花束，經過的俄國人都在此停步，緩緩在胸前畫十字，喃喃低語……往事已矣不堪追究，成王敗寇的結果恐難改，但是在滔滔洪流中無辜的犧牲者，或許能透過些許緬懷，重新獲得憐憫與同情。

離開這個使人透不過氣來的殿堂，灑在堡壘中庭的陽光看來分外燦爛。堡壘內的花園中有一個冰淇淋攤子，在這個象徵俄羅斯精神的堡壘中心，賣冰淇淋的小販卻是個黑人，兩者具有某種對比性的趣味。看得出他具有非常純正的非洲血統，黝黑的皮膚，使得本已整潔的小帽和圍裙顯得雪白光亮，更別說他常在笑容中露出的光潔牙齒了。人既斯文有禮，俄文更是講得漂亮極了，讓人很難不在對他的好感之下，多買幾球冰淇淋。

花園中有一座彼得大帝的坐像，和在聖彼得堡到處矗立的塑像，

有非常大的不同，據說是某個國家送給他的禮物。一般我們看到的彼得大帝塑像都是高大英挺，頭髮濃密，天庭飽滿，迎風挺立，眼光炯炯有神地望向遠方，好個「數風流人物，還看今朝」[1]，真是俄羅斯一代聖君的氣派。但是花園中的這座彼得雕像卻是坐在椅上，身型高瘦，手腳超長，手掌卻大得驚人，窄小的肩膀上頭，頂著一顆小得出奇的禿頭。這個雕像的比例，從頭到腳極不協調，讓人看了想大笑一場，可能彼得自己大概也不太喜歡，所以才把他放在庭院裡日曬雨淋（雖然聽說這雕像還滿寫實的），我倒很想知道，彼得是否把送這種二百五禮物的國家給滅了？

　　準備要離開時，堡壘長長的走廊上，正有人在演奏著小提琴，清亮的聲音在幽靜的堡壘中迴盪著，順著夏日的和風吹來，沁人心脾。

戰爭博物館

　　彼得保羅要塞對面是戰爭博物館，對蘇聯時期戰爭武器有興趣的人，倒是可以到此一遊。博物館的前庭中，擺滿了二次大戰以來的各式裝甲車及火砲，館內也展覽了各式的火箭發射器，更有裝載核子彈頭的發射車，這種東西可是在俄

1　毛澤東《沁園春》

國以外絕對看不到的。

　　不過博物館大概缺乏經費，有股陰暗潮濕的味道，其中一樣展品更是讓人汗毛豎立──二次大戰時蘇聯人發明了一種自殺犬，他們利用在發動的卡車之下餵食的方式，讓狗習慣往引擎下面鑽，然後在狗身上綁上有自動扳機的炸彈，作戰時把狗放出去，牠便會往德國戰車之類的底盤鑽去，扳機扣到車底，雙方當然都炸的粉碎。我一想到這狗帶著炸彈，一無所知地往戰車底下鑽去，就覺得有股難言的噁心感，雖說第二次世界大戰充斥著各式各樣的暴行，可是這個「自殺犬」主意，還是讓我感到十分難以接受。

冬宮（愛米塔什博物館[2]）

　　從彼得保羅要塞走過聖三一橋到聶瓦河彼岸，便是冬宮。這座博物館是把帝俄時期的數座宮殿連結而成的，橫亙在宮殿橋和聖三一橋中間，外部長度就有百來公尺，即使走馬看花，光要把內部走上一遍，恐怕都要十小時以上（這還要扣除迷路的時間）。

　　展品太多，裝潢太過富麗堂皇，反而不知道要怎麼去形容。只能說，一進門你就能明白，所謂每一吋都是用錢打造堆出來的房子，到

2　愛米塔什是法文發音，本意是隱士，因此又有稱為「隱士廬博物館」，此外這原先是沙皇一家平時的居住地，和避暑的「夏宮」相對，故又稱「冬宮」。

底是怎麼一回事？有的房間鑲了太多金飾，光是反光都會讓人突然失明。歷代沙皇的收集品，從巧奪天工的珠寶飾品（俄國珠寶工藝是世界有名的），到巨大的希臘式雕像，非洲工藝品到中國瓷器……大概除了月球岩石以外，這宮廷之家什麼都收集。

我特別感興趣的是冬宮的繪畫收藏，館內收有兩幅達文西的作品是比較醒目的，還有米開朗基羅、拉斐爾、提香等人的作品，至於其他文藝復興以來的畫家作品，多到像壁紙一樣，掛滿了牆壁。我對此雖然沒有研究，但這些彷彿是被拿來「補白」用的作品，少說也都有

兩三百年的歷史。另外有一層展的全是印象派以來的作品：莫內、賽尚、高更、雷諾瓦、梵谷、馬蒂斯等人，以及近代的畢卡索，綿延了好幾個房間……。

整個冬宮總共有兩百五十萬件的藝術品，其中包含一萬五千幅畫作、一萬兩千個雕塑品、六十萬張木版畫和圖畫、一百萬個硬幣和獎章之類飾品，這些藝術品收藏在三百五十間展覽廳裡。除了藝術品，更別提冬宮本身五花八門的裝潢，濃烈的藝術氣息，讓人呼吸困難，富麗堂皇的建築裝飾，讓人看到眼睛抽筋，就連看天花板也都可能讓人看到脖子扭傷。外

國觀光客的門票也不過台幣八十元左右，有俄國學生證更可以免費入場。想想在台灣花上一兩百塊所看到的展覽品，在這裡頂多只能塞滿一個展覽廳，跑上兩趟冬宮，機票錢就算回本了。

當然，這個博物館對遊客來說，還是有不少缺點——廁所很少，椅子更少，還有東西很難吃。想想看，走不完的樓層，沒有地方歇息，缺水又飢腸轆轆（餐飲部裡的東西，沒人會想吃第二次的），以前住這兒的王公貴人，自然有人服侍，而遊客只有自求多福，免得落到要和躺在埃及收藏品區裡的木乃伊作伴。

勝利廣場

冬宮一面對著聶瓦河，一面則隔著勝利廣場，與陸軍總部相對。豎立在廣場中央的則是勝利之柱（亞歷山大紀念柱），高四十七點五公尺，重達六百噸，由一整塊花岡岩所刻成。柱頭則豎立著青銅的天使雕像，這個建物是為了紀念一八一二年擊敗拿破崙的「衛國戰爭」之勝利，據說是世界最高的紀念柱。獨自聳立在廣場上的紀念柱，顯得氣派非凡，頗有劃破長空之勢，與立於對面、陸軍總部巨大的勝利之門上的戰馬拱衛勝利女神像，相映成趣。

彼得大帝騎馬像

　　彼得大帝騎馬像又稱「青銅騎士」，基座又是重達一萬六千噸的一整塊花岡岩，搬起來可頭痛了。其上的塑像據說也有六噸之重，計算極精，昂首揚蹄的整個騎士與馬匹雕刻的重量全靠馬的兩隻後腳支撐著，就這麼從一七七四年站到現在。馬的後蹄還踩著一條海蛇（龍？），象徵彼得大帝征服了這片沼地，由海中奪得這座城市。

　　就像昔日的中正紀念堂（現在已經改名為民主紀念館）一樣，這裡也是俄國新人喜歡前來照相的地方。造訪當日，也許是俄國的黃道吉日吧，一路走來，不斷碰到一對對新人與興高采烈的家屬，光青銅騎士前面就聚集了四對（用「隊」也滿貼切的）。不知道哪一家還請了個小樂隊來，鈴鼓喇叭法國號雜七雜八吹得荒腔走板，不過卻大大助長了熱鬧的氣氛。大家湊在一起喝香檳，新郎新娘則一同把一隻白鴿放入天空。這個動作似乎象徵著夫妻對未來的生活，充滿了共同的希望，在人人仰望白鴿飛翔的同時，似乎也把祝福散發給每一個人。這招不錯，不過台灣這裡恐怕不能仿效，鴿子如果跟餐廳的水晶吊燈撞得火花四濺，宴席上可就多出一道菜來了。

聖以撒教堂

　　從青銅騎士往聖以撒教堂走去，教堂的黃金圓頂處也有一對新婚
夫妻，遠遠看到我們，從高處向我們揮手，大家也揮手回應，從剛結
婚的新人眼中看來，這世上應該是充滿好人的吧？

　　即使遠從海邊的宿舍，都看得到位於市中心的這座教堂的金頂。
這座教堂蓋了四十多年才完工，高度達一百零一點五公尺，圓頂的直
徑二十五點八公尺，用一百一十二根花崗岩的柱子搭建，每根柱子高
十七公尺，重量一百一十四噸，教堂內部可以容納一萬兩千人。最吸
引人的是，它的圓頂是用十噸黃金所鑄造的，一萬公斤黃金在陽光普
照的日子裡，真是名符其實的「金光閃閃，瑞氣千條」，代表了俄羅
斯帝國全盛期的富麗氣魄。

　　只要花上區區數盧布就可以進去教堂參觀了，可惜的是內部不能
拍照。除了內部精巧至極的馬賽克拼貼聖像，光彩奪目的鑲嵌玻璃，
以及多達三百五十個各式頭像外，最令我驚奇的是他的圓頂。站在教
堂正中間往上仰望即是黃金圓頂的內部，半圓形屋頂上的天使彩繪，

畫得極為立體與逼
真，配合圓頂，還有
高低遠近的不同，略
加凝視，就覺得天使
彷彿要盤旋飛落一般
（跟仰望時腦袋充
血，可能也有點關
係）。大概是太吸引

人了，結果不少觀光客還是違反了規定往圓頂照相，然後對前來制止的管理員，做出一副不懂俄文的迷糊樣。

　　要到教堂的頂部，也就是剛剛見到新人站立的地方，要另外走一道歐洲古堡式的迴旋石階，剛開始爬得很來勁，到後來話都說不出來了，台階仍然往上盤旋看不到頂。這才明白，領我們來的俄國老師為何微微一笑，說她已經看過了，在樓下等我們就好。突然想到，剛剛對我們揮手的那對新婚夫妻，不知那個老公是不是把他的新娘這樣一路給抱上來的？同行的女生說，要是有誰肯為她這麼做，她就跟他一輩子；我倒認為，要真有男人敢這樣做的話，新娘可馬上要變寡婦了。

　　以風景來說，爬上這麼一趟還是值得的，環繞著圓頂有360°的視野，整個聖彼得堡盡收眼底，高空的涼風更是讓人精神一爽。不過下次要有機會陪人來的話，我大概也會笑一笑，說我在下面等就好。

喀山教堂和浴血教堂

聶夫斯基大街是聖彼得堡的精華區，大型的商場、書店、餐廳，以及教堂、博物館等名勝古蹟，多半沿此分布。從勝利廣場通過陸軍總部的大門，就可以到達聶夫斯基大街上，這一路走過去有許多有趣的店鋪，會在後面提到。走上約兩個公車站的距離，到達格里鮑耶托夫運河與大街相交之處，三大教堂中的兩座──喀山教堂與浴血教堂，隔著大街遙遙相對而立。

喀山教堂是採用古典式風格，教堂興建的用意為了紀念一八一二年衛國戰爭的陣亡將士與一八一三年去世的庫圖佐夫元帥[1]。教堂前的花壇與草地是賣藝者聚集的地方，有次還看到有人牽了一頭熊在那兒表演。

浴血教堂正式名稱叫做「基督升天教堂」，因為採用深具俄羅斯風味的火炬型尖

---

1 即率領俄軍擊敗拿破崙者，可參閱《戰爭與和平》。

頂與裝飾，往往更能吸引遊客的目光，該教堂是為了紀念一八八一年三月一日在此遇刺身亡的沙皇亞歷山大二世而建立，也因此有「浴血教堂」的別稱（還有「噴血」、「灑血」、「濺血」等等類似形容詞，隨人挑選），裡裡外外都佈滿了花紋，充滿非常標準的、俄式教堂那種裝飾繁密、氣派富麗的氣氛。聖彼得堡市內所賣的導覽手冊，多數用它當封面。在「浴血教堂」後面，則是聖彼得堡市主要的跳蚤市場所在。

俄羅斯博物館

　　相對於冬宮具有世界性的收藏，俄羅斯博物館則以收藏俄國本地的作品為主，除了歷史悠久的聖像畫與木雕、民俗工藝品之外，館藏以繪畫佔絕大多數。大部分遊客緊湊的行程中，多半不會將它排入，真是一大損失。

博物館本身是由米哈伊爾親王[2]宮殿所改建，最近才整修過。此外加上遊客少得多了，展場遠比冬宮要來的明亮舒適，比較像是現代化的展覽場地，也體貼地多裝了幾座椅子。

雖然大部分的俄國畫家都是聞所未聞，但是其水準真是令人嘆為觀止，尤其是風景畫之逼真與人像畫之細膩，給人極為深刻的印象。巨幅作品中，例如列賓（I.E.Repin）所繪的〈尼古拉二世召開內閣會議〉圖，巨幅的油畫佔滿了整面牆，畫家事前另以單幅的油畫，對畫中的每個人做特寫與練習，展示廳的其他部分，就掛滿了這些事前的練習作品。明瞭畫家所下的事前準備工夫之

深，對於成品之精確完美，就不至於太訝異了。類似的氣象萬千的作品仍有許多，其中的一幅〈庫圖佐夫帶領俄軍穿越阿爾卑斯山〉圖，整群的俄軍持著步槍，一邊叫囂一邊滑下山坡，大片的冰雪隨之崩落，這群兇暴粗野的戰士彷彿要衝出畫框般，濃烈的殺氣使觀畫者都要為之屏息。

俄羅斯博物館的巨幅作品自然有其宏偉之處，然小品創作也很動

2　即戰勝拿破崙的亞歷山大一世的弟弟。

人。不像冬宮收藏的繪畫，主題多半集中在戰爭與華麗的宮廷生活。收藏在俄羅斯博物館的畫作中，以平民生活為題材的作品，較冬宮多了許多——被逮捕的犯人、在車站與家人難分難捨的士兵、勞苦的拉縴夫、市集上討價還價的主婦。……藉由對精確動態的描繪，掌握了情感迸發的瞬間，引起人心深處的共鳴。

我印象最深刻的是一幅小油畫——鄉間的一座墳墓旁，跪著兩個小孩，孤單的墳墓連墓碑都沒有，只有一堆新蓋上的黃土，與晴朗的天空極不相稱的是墓旁的小孩，他們的悲苦表情與無助身影，讓人感受到他們對未來的徬徨。走出博物館時，那對小兄弟仍在我心頭縈繞不去。

第八章

穿河過海

水翼船和夏宮

　　水翼船是聖彼得堡頗為常見的交通工具，載客量約在一百人左右，主要用於聯絡聖彼得堡市區、芬蘭灣沿岸的城鎮以及在芬蘭灣上的各個島嶼。搭乘水翼船，一邊穿越一座座橋樑，一邊觀賞兩岸各有特色的建築，甚為暢快。等到入海後，由於芬蘭灣的海面波濤不大，除了海鷗之外，沒什麼生命跡象，海景真夠無聊的。而在晴朗的日子裡，海風仍然凜冽無比，迎面如刀刮；反而船艙裡平穩又暖和，所以乘客多半選擇待在座位上，沉沉入睡。

　　夏宮是沙皇夏天的避暑居處，搭建在遠離市區的海邊，雖然有公車可以到達，但是因為耗力耗時，大家多半選擇搭乘水翼船來回。因為和

冬宮一樣是遊客必到之處，再加上地處荒郊野外，遊客在此消費，往往會被剝一層皮。此地是全俄國物價水平最接近西歐的地方，就連攤販賣的導覽手冊，除了俄、英、德、法、西、日等語文版本外，甚至連中文版本的也買得到，當地人為了撈錢還真是用心良苦。

　　夏宮除了一貫精緻的俄式皇宮建築之外，主要是以噴泉公園而聞名。設計精巧的噴泉，完全未經人工加壓，自然湧出，步道旁遍植的百年老樹，深幽蒼翠，真是名符其實的林泉景致。夏宮就像冬宮一樣，如果真要仔細描述，恐怕可以另外寫成一本導覽手冊了。在這裡你大概只能發出「哇！」的聲音，除了對美景的讚嘆，當然還包括被敲竹槓所發出的慘叫聲。

克隆史塔德島

　　克隆史塔德海軍基地，是俄國波羅的海海軍艦隊的總部，近年雖然開放了，仍少為外人所知。出於對俄國軍事基地的好奇，我約了幾位友人結伴去參觀。相當於到夏宮的半小時航程，在這裡搭乘水翼船只要十盧布，夏宮景點卻要索價要一百六十盧布，這就不難體會夏宮對遊客剝皮啃骨的凶猛程度

了。

　　除了從海上便能看到的大
型船塢，以及登岸碼頭附近的大
型軍艦和潛水艇之外，這座島嶼
的軍事氣息卻非常淡。雖然沒有
如想像中看到琳瑯滿目、精彩可
期的軍事設施，但是走上這一趟
是值得的。因為這個島十分宜人

而寧靜，有種鄉下小鎮的安祥氣氛。雖然房屋設施皆頗為陳舊，但門
面收拾得整齊乾淨，面街的窗口擺設著花卉，貼著各有特色的窗花，
帶有高級住宅區的雅致氣質。也許在這裡租個房子，然後每天坐半小
時水翼船通勤，也是不錯的點子。很明顯的，此地少有遊客到來，更
別提外國人了；街上的人對我們紛紛投以好奇的目光，本來是來觀光
的，結果反而讓當地人開了一次眼界，算是禮尚往來好了。

　　回碼頭時下起雨來，一切在雨中顯得迷迷濛濛。克隆史塔德的確
沒有什麼非看不可的景點，但這是一趟舒適的午後漫步，讓我回想起
在鄉間的童年，真是一段無憂的回憶。

凱瑟琳宮及普希金

　　凱瑟琳宮位於聖彼得堡市郊一處稱為「沙皇村」、別名又叫「普
希金村」的獨立城鎮內。除了凱瑟琳宮搭建在此外，這裡也是俄羅斯
名詩人普希金生長及受教育的地方。

普希金在俄國的地位可比中國的李白杜甫，他和聖彼得堡關係尤深。隨便在聖彼得堡的書店中，總可見到一個普希金專櫃，一樣的詩集用各種「特別版」、「豪華版」、「普及版」、「威力加強版」之類的名義出現，賣得都還不錯，俄國人如果不能背上幾首普希金的詩，就好像中國人不會唸「床前明月光」一樣丟臉。聖彼得堡普希金的故居，現已改為博物館，他吃最後一餐的文學咖啡館就以此為號召，也大發利市。

老實說，列寧與普希金，可說是俄國史上兩大醜男，偏偏他們的肖像卻在俄國四處林立。普希金的祖父是個黑人王子，所以他有四分之一的非洲血統。以西方人標準來看，長得實在說不上英俊，偏偏他娶到俄國頭號美人。我還記得俄文課時，教授讓我們看她的畫像，哇，真是乖乖隆地咚！！！！！！除了多打驚嘆號之外，實在是美到無法形容！！難怪打從沙皇以下，每一個俄國男人都對她有興趣。普希金也因此活在整天擔心戴綠帽的愁雲慘霧裡。最後他因懷疑某人企圖染指他的妻子，而與對方決鬥。雖然說「筆比劍鋒利」，可惜他們決鬥時用的是手槍。普希金因此三十幾歲就魂歸離恨天了。然而就如李白醉後撈月而溺死的傳說一般，普希金的浪漫名聲，使得他的死亡一再被討論：是技不如人？時運不濟？還是他已經為了感情生活而厭倦絕望，自行選擇如此結束呢？

聖彼得堡往普希金村有專用的鐵路，也有載客小巴士。不過他們都只在車站就把乘客放下了，要到凱瑟琳宮殿，還需要走上蠻長的一段路。還好道路兩旁都是濃密的林蔭，正逢晴日，走起來分外地舒適。

　　凱瑟琳宮除了皇宮建築之外，整體是一個設計精美的皇家林園，雖然處於內陸，卻利用人工湖建立了一個水道系統。沿著湖畔，搭起了許多小而精緻的樓閣，風格各異，甚至有埃及與中東式的作品，像是一個十八世紀世界建築的展覽地。駐足湖畔，明澈的水面波瀾不興，散發著沁涼的氣息。除了水鴨偶爾劃破湖面外，一切仿若靜止。

　　凱瑟琳宮殿可視為重建史上的奇蹟，二次大戰末，包圍聖彼得堡的德軍撤退時，除了掠奪之外，更將建築隨意破壞。由宮內展示當時的照片來看，除了幾根殘柱和一堆瓦礫之外，什麼也沒剩下。今天的凱瑟琳宮殿，完全是依照俄方留下的照片及丈量資料重建的。進去參觀時必須換穿拖鞋，以免損壞精細的地板。內部的房間各有其主題，例如非洲廳、中國廳等等（不過就我們的眼光來看，所謂的中國風格，未免有點四不像，簡直是畫虎不成反類犬），富麗堂皇的程度，與冬宮也不相上下，甚至猶有過之。

　　不過許多房間都還在整修中，房間裡多半放著募款箱，以及遭受破壞時的悽慘照片，希望大家在保存文化資產的前提下，慷慨解囊，讓重建工作繼續。如果德國觀光客來這裡，壓力恐怕不小？想必還是會捐錢買個心安吧。

　　宮殿中最有名的便是琥珀廳，琥珀是波羅地海沿岸的特產，琥珀廳是將高級的琥珀磨成片狀貼在牆壁上，將整座大廳都貼滿了，再加

上廳內的桌椅等家具也全用琥珀構成，據說整體的價值在兩億美元以上。戰爭結束前被德軍整車運走，之後卻不知影蹤，成為尋寶玩家津津樂道的歷史公案之一。今天的琥珀廳雖然開始重建，不過進度大概連十分之一都不到，想想原創件的價值不菲，想要募到足夠的錢讓它恢復原樣，恐怕還有很長的一段路要走。

　　要把整個凱瑟琳宮殿及附屬的花園，再加上普希金村內、和普希金有關的各種紀念設施都看完，一天是絕對不夠的，我也只好走馬看花了。即使如此，一天參觀下來，也差不多要走上十小時，實在是太累人了，一上了回程的火車，所有人都陷入昏睡迷。還好這種郊區的通勤火車只到市區為止，不然一覺醒來，搞不好都到海參威了。

普希金小傳

　　亞歷山大‧謝爾蓋耶維奇‧普希金（Alexandr Sergyeevich Pushkin，1799～1837），出生於貴族家庭，受到良好的教育，青年期便從事創作。早期的作品富有浪漫氣息，但是後來越來越貼近社會，著意反映現實生活，在現代俄羅斯文學的奠立上具有重要的地位。他曾因傳播當時的激進思想被流放，但之後因沙皇仰慕其文名，再次重用他。後來他和莫斯科的絕色美人娜塔麗婭‧岡察羅娃結婚，但婚

後，普希金卻為圍繞自己妻子的種種流言蜚語所苦，最後在一場決鬥中身受重傷，於1837年2月10日逝世。

普希金只活了三十八歲，但在他短暫的一生中，寫下了近九百首抒情詩，十四篇敘事詩，七篇童話詩，一部詩體長篇小說《尤金‧奧涅金》[1]，七部戲劇，一部長篇小說《上尉的女兒》和十四篇中短篇小說，以及兩部傳記和大量書信、回憶錄、遊記，和許多未完成的作品。其影響俄羅斯文壇甚鉅，在俄羅斯為家喻戶曉的人物。

---

1 該劇近期曾改編為電影「遲來的情書」，由Ralph Fiennes 以及 Liv Taylor主演，在聖彼得堡當地拍攝。

第二篇　契丹人在俄羅斯

第九章

契丹人在俄羅斯

在各種外國語文中，「中國」的發音多半接近於China，俄文卻是個特例，俄語中的「中國」，發音近似於kitai，也就是契丹。天龍八部裡的蕭峰，自我介紹時總自稱：「契丹人蕭峰」，聽起來就是豪氣干雲。俄國人聽過台灣的倒是不少，因為百貨公司的電器用品等，都很明顯的標示著產地，台灣的字樣因此四處可見。

俄文當中沒有台灣人這個詞。反正不管來自台灣與大陸，都用「契丹人」一以貫之，自然大家都講「一個契丹（中國）」原則囉。我的俄文教授算是見識較廣了，但他認為台灣理所當然是中國的一省，因此我用英文自我介紹時，說畢業於National Taiwan University時，他堅稱台大根本不具有國立大學的資格，原來我念了六年的省立大學而不自知，難不成「國立」台灣大學是自己「膨風」的？這麼說來，「國立」政治大學其實是專門訓練國民黨特務和政委的機構囉？

「理論上」，在俄國當然是非說俄文不可，所以知道我去過俄國的人，都認為我的俄文應該有相當程度了，所謂「坦白從寬」，我不如就在這裡「徹底交代」。我的俄文其實已經達到「視而恍若不見」、「聽而彷彿不聞」、「意在言外」的絕妙境界。因此，一般的俄國人是無法與我溝通的。

到達俄國的第一餐，跑去吃肯德基，在很吃力地照著看板點了個全餐之後，以為任務達成了，沒有想到接下來櫃台小姐隨口問了一句話，頓時讓人瞠目以對。搞了半天，原來她只是問要不要飲料？一開頭就受到這種驚嚇，我那原本就幾希的俄文，就此歸零，進入了使用「手語」來交易的新境界——就是用手指東西，然後再用計算機出價給對方看。俄國人很擅長與我這種「聾啞人士」打交道，多做幾次之後，單純的指點動作之外，可以加上各種——或者憤怒而堅決，或者悲傷而失望、或者痛不欲生等表情來哀求（威脅？）對方降價。OK！學會討價還價了！保證可以在俄國活得很好。如果想要更省事一點，

那就採用印魚法，也就是吸附在會講俄文的人的肚皮上，把你的麻煩，一併變成別人的麻煩吧。

大概是冷戰的緣故，俄國人通英文的並不太多，學校裡的外國語教學似乎是以法文或德文為主。美式速食店如麥當勞的店員，也多半

不通英文；不過觀光勝地附近的小攤販，英語都頗為流利，和他們殺價就更加精彩了。

　　前蘇聯也曾懷抱建立世界帝國的理想，俄國現今仍充斥著來自世界各地的人種。東方人中，來自中國大陸的遠比台灣要多，此外諸如來自中東、東南亞及非洲等地的人也不少。有次在聖彼得堡大學中，碰到一群剛從北韓來的學生，俄文幾乎不會，填申請書遇到麻煩，所有的人以俄文、韓文、英文再加上中文，攪和半天才幫他們填好表格。又有一次，電話旁兩個中東人，向我嘰嘰咕咕地詢問了半天，都無法獲得反應，等到對方明白我「不懂」俄文，才改用英文跟我借電話卡。原來他們兩個是阿富汗人，英文還講得怪順溜的。就這樣，形形色色的人，層出不窮的雞同鴨講，為我的俄國行增添了不少樂趣。對於我這種「殘障」人士的脫線行為，俄國人也多半用憐憫（低能到這種程度，真是令人同情）而體諒的態度來面對。雖然年輕人未必有耐心和我窮磨菇，但總是很好心的俄國老太太，倒都會盡力陪我玩比手劃腳的遊戲，讓我達到目的為止。

　　就這樣，俄文不但沒進步，搞不好還退化了，不過臉皮倒真的增厚了很多。由此觀之，如果像我這種語言白癡、溝通智障都可以在俄國混吃騙喝，一般人也自然能環遊世界了。有道是：「無恥走遍天下，沒膽寸步難行」，你以為呢？

　　於是，我這個「契丹人」就這麼快活地在俄國住下來了。首次出國，什麼都覺得新奇，美景固然動人心魄，生活中的小小插曲也足以搏君一粲，容我娓娓道來。

第十章

芬蘭灣邊的俄語課

宿舍

　　因為申請語言進修獲准，所以得到聖彼得堡大學的學生身分。學生證在手，妙用無窮，除了參觀各博物館可得到免費或優惠之外，在街上碰到警察盤查，甚至可以代替護照使用（聖彼得堡大學的學生一定都是好學生？），這個城市對學生真是頗為優待。更好的是具有學生身分，我可以去住聖彼得堡大學的宿舍，價格便宜得讓人難以置信。

　　最令人喜愛的一點就是它位在海邊，高達十八層樓，在這個充滿古典式建築的城市裡，算是數一數二的高樓了，從頂樓的宿舍窗口望出去，整個城市盡收眼底，隨時都可以見到市中心聖以撒大教堂，及彼得保羅要塞的黃金尖頂。日出的第一道光芒，總是毫無阻礙地進入房間。宿舍的另一面則面向芬蘭灣，就在宿舍隔壁的波羅地海大飯店（一般觀光客在聖彼得堡主要居住的五星級飯店，另一則為聶夫斯基大道上，靠近俄羅斯

博物館的歐洲飯店），分享同樣海景的窗口，五星級飯店一個晚上可要一百美元以上呢。

　　約莫二十坪的宿舍房間可供五個人使用，分為左二右三的大小兩間，除了內部共用的浴室廁所及廚房、冰箱之外，每個人還有一個衣櫃，一張書桌，至於書桌上有沒有檯燈就要看運氣了。

　　書桌就在窗前。回到宿舍，雜事做完也晚上十點了，白夜的日光仍頗為明亮，煮一點茶，在窗邊寫日記或明信片，有種下午茶般的悠閒感。後來白夜縮短了，同樣的時間已近日落。高緯度的地方，太陽驟昇驟落，一瞬間便陷入了黑暗。聖彼得堡的夜晚，除了公寓窗口透出的燈光外，其他的光源極少，夜景就格外靜謐安詳。有時關上房門及燈光，於是整個人便籠罩在黑暗裡，彷彿懸浮在繁星點點的夜空之中。靜靜的沈思，默默的想念；思索一些事情，想著遠在天涯的某個人，時差四小時，台灣此時已經是深夜了，想必她已熟睡……。

　　一切辦完之後，我也鑽進那張唧唧嘎嘎的組合床鋪。有隻床腳的榫頭已經鬆脫了，卻怎麼也接不回去，不過將就睡了一個月，倒也從未垮下來。床架很爛，床墊卻很舒服，高空的晚風徐徐灌入，使人很快便沈入睡鄉，等著下一道晨光的呼喚。

芬蘭灣

　　宿舍後就是芬蘭灣，這個平平淺淺的海灣沒什麼浪濤，離岸二、三十公尺的海水都只淹到小腿，所以常看到人帶著狗到「海裡」去溜達。雖然夏天快過了，偶爾還是有身材曼妙的比基尼女郎可看。居住

在亞熱帶的人，很難體會陽光對俄國人的可貴程度。習慣了俄國夏日若有似無的和煦日光，一回到陽光普照的台灣，就覺得自己的皮膚彷彿像是培根被在烤肉架上般，滋滋作響。

　　回到宿舍若不太累，往往會去芬蘭灣旁看落日。太陽將沈之時，面海的整排公寓，片片窗戶都反射著金芒，這道黃金帷幕委實璀璨已極。不過平心而論，仍舊是一般的落日罷了，某處的夕照是否特別美麗，也許取決於觀賞時所懷抱的心情吧？

　　在海邊漫步的某個黃昏，看到了一對俄國老夫妻，微駝的身軀互相偎依著，兩人就這樣不發一語，看著夕陽逐漸沈沒海中。海風頗為凜冽，吹動岸邊的茅草沙沙作響，此外再無聲息。那種無聲勝有聲的安詳也感染了我，忍不住拍下他們沐浴在夕陽下的身影，然後悄然離開。其實這個舉動未免徒勞，相片是無法記錄那種意在言外的幸福的。

第十一章

俄羅斯公寓

典型的俄式公寓

俄國式的公寓單位,多半是蘇聯時期建立的,近年經濟狀況並不好,在市區裡並沒有看到什麼新建工程。大樓多半缺乏管理人員,因此樓梯間能維持基本的整潔,已經算是不錯了。至於玻璃破裂、燈泡短路等毛病,少有人處理,也只能視而不見了。住宅短缺一直是俄國的一大問題。在一個佔領最多土地的國家裡,為何會發生這種問題呢?其實俄國並不是缺建築用地,而是缺建材的供應。

一般俄國人居住的公寓,不論新舊,多半十分狹小,總面積大約二十坪上下,除了廁所和浴室(公寓少有陽台,洗衣機通常也放在浴室)各自獨立之外,其他的房間多半是複合使用。

通常廚房裡放上一張小桌子,就充當飯廳了。大部分的公寓都沒有客廳,電視放在大一點的房間裡,房間裡再放上一張沙發、

一張床鋪，客人多的話，就只好往床鋪上坐了。空間本就不大，還常要拿來堆積生活物資，例如冬季用的車胎等，所以，窄小幾乎是俄式公寓的一貫印象。

宿舍只能作為暫留之所，居住時間較長的人，多半還是在外找寄宿家庭。房東常是退休的老太太，樂意租出一個房間來賺些外快，也給家裡增加點人氣。這些出租的房間設備簡簡單單，大體還算舒適，房東也都親切客氣，像這樣的寄宿單位，一個月的租金大約一百美元。

俄國人的居家環境也沒什麼特別之處，不過俄國家庭會習慣讓家裡留下一片牆壁，掛上加框的各式各樣大小照片。幾乎都是人像，主要是屋主及家庭成員各時期的照片，在牆上錯落而列，像是一個家族史的展示。

電梯與太空計畫

俄國電梯有什麼好講的？在見識過「俄國電梯」──這種「社會主義奇蹟」後，我覺得有必要好好介紹一下。

學生宿舍有兩座電梯，跟大部分的俄國電梯一樣，內部並沒有樓層顯示燈，門關上以後，乘客不知道電梯到底送自己到了哪一層樓。有的公寓，會在面對電梯門口的牆壁上寫上樓層數字，這算是很體貼的。大半時候，要確定是否到達目的地的可靠方法，是請人按住停止

鍵，走出去問在旁等電梯的人（千萬不要光探頭出去張望，俄國電梯門不知是年久失修，還是原來就設計來減少人口壓力的，一旦啟動就義無反顧地關到底）；如果沒人可問，就只有自己賭賭看了，萬一走錯了樓層，就認份地走完剩下的幾層樓吧，通常要等下一班電梯到達，時間會漫長到足夠讓俄國再爆發兩次革命。不過多搭幾次，自然就會有心得。電梯門打開時，憑著各層電梯間堆積雜物的不同，以及牆壁剝落的圖案，就可以判定到達哪一層了。

宿舍電梯內，只有一盞昏黃的小燈，門關上後，簡直就像是攝影暗房。電梯的地板非常薄，地板的間隙中還有電梯通道的燈光射入，踩上兩腳還可以聽到碰碰碰的回音，站在上面，總是讓人不安。有沒有超重安全措施呢？算有吧，等那天地板突然塌陷，所有人都摔進電梯通道裡面，自然就知道是超重了。

進入電梯之後，門關上的同時會發出「匡」的一聲，撼動個電梯，接著「咚」的一聲，電梯帶著劇烈搖晃猛然啟動，然後用還算平穩的速度徐徐上升下降，到達目的地時又「咚」的一聲來個緊急煞車，搖晃還未止，電梯門又「匡」的一聲猛然打開。每次上下行進停止時的劇烈晃動和隨之的兩聲巨響，總是會叫新來的乘客恐慌不已。深怕兩聲巨響完畢之後，隨之而來的是劈啪一聲鋼索斷裂。後來就見怪不怪了，當電梯轟轟隆隆接近時，宿舍學生都笑稱：「戰車來了」。

不過真正足以讓該宿舍電梯在升降機史上佔有一席之地的，是他的「先到先贏原則」，本電梯對「向下沈淪」的使用者特別優待。也就是說，如果我們在十八樓等電梯，結果在十七樓有人搭上了，接著

他按下一樓的按鍵，電梯就決定先把這位仁兄送到一樓，再回頭來接十八樓的我們；如果回頭時十六樓又有人要向下了，那麼只好又等下一班車。不難想像每天早上趕著上學的時間，頂層的住戶光等電梯等到要抓狂的景象。

後來去探望朋友時，遇見了電梯界的另一朵奇葩。該電梯素以故障率超高而聞名聖彼得堡的留學生圈。有一次一行人被困住，對講機又早已無效了，真是上天無路，入地無門，要脫困唯一簡單又有效的方法——用力拍門大喊「救命啊！！」驚動了整座大樓的住戶才被救出。

該電梯特殊之處是其樓層按鈕設計成下陷式的，一旦到達目的樓層，便會自行彈起。正在稱讚這個「先進」設備時，卻發現馬達的聲音不太對。一般電梯運行的速度從頭到尾都是一樣的，這座電梯卻是越衝越快，採用直線性加速度上升，這種速度使人懷疑，該電梯並不打算升到頂樓為止，而是企圖把乘客拋出地球的運行軌道之外。就在我考慮是否呼叫：「休士頓，我們有問題了！！」時，電梯發出嘰嘰聲緊急煞車，接著頂樓的按鈕「拍」一聲彈起……竟然到了，門打開時，沒有通到另一個次元空間，還真使人感到有點失望呢。

除了一般的箱型電梯外，不少俄式公寓都採用復古式的電梯，就是那種半開放式的，鐵門必須用力拉上的形式。為了顧及安全，鐵門拉上之後，還必須關上內部的安全木門，必須兩道門都關上之後，電梯才走得動。這些木板門的形式有的做得像衣櫃，有的則採用酒吧式的彈力門，也是滿有趣的。

俄羅斯鎖頭──現代工藝的精華？

有個笑話是這樣的，好幾國人在討論「幸福是什麼？」最後俄國人說：「幸福就是冬天半夜三點時，國安會探員來敲你的門，當你應門時，他們對你說：『伊凡‧伊凡諾維奇，你因為思想有問題被捕了』，這時你卻可以說：『你們搞錯了，伊凡‧伊凡諾維奇住在隔壁』。」

基本上，雖然「老大哥」找上門時，關門上鎖也沒啥用。俄國住宅雖很少有人裝鐵窗，但總習慣把門鎖上一道又一道，大概也是求個心安吧？總之，被共產主義壓抑的創造力，只好都花在設計鑰匙和門鎖上，門鎖的形式令人眼花撩亂，和俄國鎖頭打交道的趣味性，不下於電梯間。

宿舍除了一樓有個警衛，每層還各有大門，這個大門鎖看來頗為高科技，鑰匙是一根塑膠棒，上面參差釘有幾個金屬片，將塑膠棒插入鎖孔轉上90°，金屬位置吻合之後便能通電，這時再按鈕便能開門。（宿舍有串鑰匙被我意外帶回國來，離開宿舍鎖上門後，我將它直接塞進褲袋裡，忙亂中也忘了交給室友帶回。俄國的金屬探測器對此卻視而不見，一直到阿姆斯特丹轉機時，才被荷蘭的儀器發現。早知道就買把托卡雷夫[1]帶在身上）

曾經碰過一個鎖，其玄機在於手把，要把門把轉到某個角度後，轉動鑰匙才有效果，否則有鑰匙也打不開。一個朋友向我展示過一把鑰匙，長達十五公分，這種樣式應該是用來開啟某些海底撈上來的藏

1　前蘇聯製TT1930/33型制式手槍的名稱

寶箱用的吧；更驚人的是頂端竟突起兩公分左右的銳利刀刃，令人不禁聯想到這是否是特工設計出來的暗殺武器（若把它塞在褲袋裡豈不哀哉）？這麼一把偉大的工藝品，它的真正用途竟然只是拿來開信箱。

　　還有一些臻於「大巧不工」境界的作品──進門後拿根粗鐵條把門板給頂住。你可以想像若真有小偷光顧，明明解開了門鎖，卻無論如何推拖拉扯，而門就是紋風不動，最後氣急敗壞悻悻然離去的模樣。　　有次造訪一間公寓，公寓的大門鑰匙是一塊有洞的鐵片，「理論上」插入門旁的插孔中，洞口吻合了，鎖便可以解開；沒想到鎖片插進去之後，不管怎麼轉動拉扯，門就是不開，一行人在樓下議論紛紛，摸不著邊際。這時正好有鄰居回來，才告知竅門。原來插進鑰匙之後鎖是解開了，接著要拼老命將身體向把門板狠狠地一撞，沒有開頭那一次撞擊，大門是怎麼也無法往外拉開的。高科技的電子鎖，搭配必須動用暴力撞擊的門板，真可謂是俄國鎖鑰科技的完美代表品。

第十二章

憑票支付大米一兩二錢？

——食在俄羅斯（上）

俄國速食

住在台灣有一件非常幸運的事情，那就是到處都有東西可吃，而且味道還不錯（難吃的很快就被淘汰了）。不要說連住宅區都林立著小吃店、自助餐，就算是到便利商店裡頭，冷凍食品也不止一種。

俄國街上真的沒什麼可吃的，每天在街上走來走去，除了觀賞風景，覓食也是重要的目的之一。剛到宿舍時環境不熟悉，結果在附近唯一的沙威瑪攤子連續吃了三天（其實味道是不錯的，俄式沙威瑪接近正統中東做法，是用薄餅來包牛肉餡）。後來懂得去超市買東西自己煮，對街上的門路也比較熟了，才脫離了這種窘境。

點菜是一大問題。麥當勞還好，看準菜單上最後近似burg的發音來點，總會點到某種堡類，在其他餐廳問題就大了。通常在菜單上看得懂的剛好都是些飲料：茶、可樂、牛奶、咖啡和一種俄國湯，光吃這些一定會

餓倒在俄國街頭。我們一夥人只好用風險分攤的方式，每人點些不同的來分享，不管拿出來是什麼都賭命吃下去，如果真的吃死某人了，至少大家就知道下次不要再點這一道。

前面說過，我在聖彼得堡的第一餐，是吃肯德基。當地的肯德基只有一家，和Pizza Hut共用一間店面（這邊的披薩店是設有保溫櫃的，可以零買切片的披薩回去吃），一份餐在七十盧布[1]左右，在當地算是高消費了。俄國的雞似乎都比較瘦弱一點，炸雞啃起來肉少骨頭多，理應呈現金黃色的雞皮，卻略略帶些灰暗的色澤，味道也偏鹹，不過整個來說還不算離譜。

自從對抗「美帝」的最後堡壘垮掉之後，麥當勞就像病毒一樣到處滋生。和肯德基走的「本土化」路線不同，麥當勞的菜色，在世界各地都是徹底一致的。當我的朋友邊猛吞麥香堡，邊含含糊糊說：「這味道跟台灣的好像」，我忍不住要虧上一句：「廢話，麥當勞到哪兒還不都是一樣。」一樣的裝潢、一樣的菜色，除了附送的玩具以外，其他真的沒什麼不同。要是有一天全世界的口味，真的被統一在這種餐廳招牌底下，我恐怕會像伯夷叔其一樣，因為不食周粟而餓死了。

俄國麥當勞另一個讓人不爽的地方，是他們在告示牌上公然說謊，如果在街角看到一個牌子「麥當勞此去XXX公尺」，請先把該數字乘以三，再加上兩百公尺才是實際距離，每當有人興沖沖地說：「麥當勞就在附近嘛，咱們走路去吃吧」，最後都會走到口吐白沫。

---

[1] 一盧布約等於1.3台幣，另外有更小的單位「戈比」，一戈比等於1/100盧布，雖然面值極小，在當地是有實際用途的。

聶夫斯基大道上有一家賣潛艇堡的，料多又實在，通常一餐吃半條便飽了。也可以一次買整條，請他包起半條，帶回去當晚餐吃，這樣一天的兩餐就可以打發了。更好的一點是店裡有英俄文對照的菜單，小姐雖然不懂英文，不過利用英文品名後的價錢，找出相對的俄文產品，就一切沒問題了，對於常常把菜單倒拿的俄文白癡實在是一大福利，這是一家很「安全」的店，最起碼不會被店家坑錢。

市內還有一種速食連鎖店叫Grill Master，或許可以稱作俄式速食吧，賣的菜都頗有特色：很嫩的煎魚排、蘑菇炒蛋、各種臘腸、羅宋湯等等。不過最令人印象深刻的是，每份食物的份量都很大──第一次去點「一份」烤雞，結果對方竟給了半隻；第二次記取教訓，點了從圖片上看來份量比較正常的炸雞，結果竟然又炸了半隻雞給我；第三次沒記取教訓，每人點了一份烤豬腳，不難想像後來一整張桌子堆滿豬腿的壯觀景象。

不過市內的餐廳與速食店都有個規矩，就是蕃茄醬、胡椒鹽等調味料，甚至在魚排上另加美乃滋，以及咖啡的糖包、奶精等，都是要額外加錢的。雖然只要區區五十戈比（半盧布），但是因為多個購買的過程，比較會讓人停一下，想想到底是不是真的需要。同時自己花錢買來的，即使不用，也會想要留著，這不失為一種減少浪費的好法子。台灣這兒的速食店，有時不待要求，服務生就隨手抓給你一把調味料包：胡椒鹽足夠讓整隻炸雞沾上厚厚的一層，糖包則是要多少給多少，更別提厚厚一疊紙巾了，這實在都是一種無謂的浪費！

點心小吃

　　跟中華飲食比起來，俄國食品只能算是平平。作為每天主食的麵包都十分乾硬而難以下嚥。後來才知道，市內各處販售的麵包，都是由固定幾家大工廠烤出來再配發的。這種自動化生產的產品，在運送的過程裡，因俄國的乾燥氣候而急速失去水分，乾硬難吃是可以預期的。當地留學生的補救方法，是把整條麵包放到電鍋裡去蒸。至於蛋糕等，通常是奶油很厚，糖霜極多，蛋糕本體則十分粗糙。俄國糖很便宜，使得大部分的糖果餅乾都甜得驚人，這點是在遭受慘痛教訓之後才體認到的。

　　有一次逛百貨公司，在食品部看到一種雪白的餅乾，有點像是台灣的奶油小鬆餅。上面標價一百公克二十盧布，我心想，一百公克也不過就五、六塊餅乾的份量，於是買了二十盧布。沒想到這玩意整個是用糖霜做的，輕的像羽毛，一百公克就是一大包，非常甜膩，難以入口，我足足花了兩個禮拜才消化掉。

　　值得注意的是，在俄國攤位買食品，是不能挑三揀四的，看好了再拿。基本上用手去碰了，就表示要買，所以貨品要看清，價格要先問明，免得多生糾紛，自己吃虧。一來是拿了反悔不合規矩，本身理虧；再說要吵架的話，又怎麼招架得了那些哇啦哇啦的俄語。

　　另外一個可以視為超難吃的食物代表是熱麵包攤。在我每天等公車的地方就有一攤，賣的是「蒸熱的」麵包，蒸籠裡的麵包口味繁多，不過都滿難吃的。同去上課的室友因為起得比較晚，常來不及吃早飯，為了方便，於是就近光顧，結果吃了一大堆莫名其妙的東西，例如裡面有填米粒（還是半生的）的麵包。該人士不死心，決定把所

有的熱麵包口味都吃上一遍，他就是不相信這裡面竟會沒一樣能吃的。不幸的是，直到我離開俄國為止，都還沒看到他真正找到可以談得上好吃的熱麵包。

俄國好吃的東西當然也還是有，譬如街上賣的沙威瑪，雖然未必是中東人親手做的，倒都是料多味美；賣沙威瑪的攤子有時兼賣一種類似蔥油餅的點心，對折成半圓形，裡頭包上牛肉，吃起來滋味很不賴；類似的還有包牛肉餡的鹹甜甜圈；以派皮包裹各種水果餡料去烤的水果派，烤過的派外面再灑上糖粉，味道也很不錯。這些俄式小點心，都算得上價廉物美。偶爾也有賣熱狗與漢堡的攤子，不過嚐起來就遠不及台灣這裡的美而美早餐店了。

冰淇淋──逛街燃料

我特別把冰淇淋獨立成一章，以表達對俄國冰淇淋的崇敬之情。吃冰淇淋已然是俄國生活的一部份，只要有人聚集的地方，必定有賣冰淇淋的攤子。商業要衝的聶夫斯基大道上，攤位自然最為繁密，少則間隔二十公尺，最多五十公尺，必有冰淇淋小販，甚至兩家比鄰而居的也頗常見。每家賣的貨色都差不多，價格實在便宜，生意總是應接不暇。

俄國冰淇淋價廉物美的程度真叫人吃驚，最基本的香草冰淇淋甜筒，上面加上巧克力核果，牛奶純度極高（回來後買Häagen Dazs來吃，竟覺得不太夠味），只要區區數盧布；其他的冰品質地也相當不錯，價格也都出奇便宜。到了這種冰淇淋天堂，很難不感染這種冰淇

淋瘋。俄國人可以說是冰不離手，只要在街上走著，或者等公車，就忍不住要買一支來吃，吃著吃著吃完了，「正好」碰到下一攤（總是會碰到下一攤），就再買一支。

有一天氣溫降到十一度，天空陰沈沈的，還落著細雨，人人把雙手插在口袋裡，邊縮著肩膀邊呼出白霧地走過冬宮。看到勝利廣場上，有個可愛女孩仍在做生意，又有人問起要不要吃冰淇淋。人家都這麼辛苦出來賣，當然該照顧一下才是。沒想到這種天氣，還賣到只剩冰櫃底層，凍得結結實實的存貨，一口咬下去冰淇淋裂成數塊，還滿有嚼勁的。有一次問我的俄文老師，那麼多賣冰淇淋的，到了冬天怎麼辦？她睜大了眼睛，露出聽到一個白癡問題的表情：「當然還是賣冰淇淋啊！！」

飲料──當心☆□◆▲從口入

俄國並不像台灣超商裡飲料種類動輒數百種。街上賣的罐裝飲料不是百事可樂，就是可口可樂系列的幾種汽水，加上幾種果汁、礦泉水，選擇並不多，在速食店裡點茶，則清一色給你立頓茶包。

牛奶製品在俄國超級便宜，而且種類繁多。地鐵站或市場有一種特殊的攤位，遠看像是售票亭，其實是專門賣乳製品的。一般的牛奶雖然標籤說是「保久乳」，喝起來已經和台灣的鮮奶口感無二。超市中有一種牌子的鮮乳，大概每週進貨一次，一上架就被搶光。嚐過一次後，也加入了搶購的行列，因為實在太香醇了，這種才真的叫做牛奶。此外，每天清晨，也有人用小水箱車載農場的新鮮牛奶來賣，家

庭主婦自行帶容器盛裝回去。這種牛奶自然更新鮮了，不過要先煮過才能飲用。雖然很想買來嚐嚐，問題是聽到牛奶車來的時候，總是爬不起來。

俄國的獨特乳製品是酸奶，各個品牌的酸度不一，弱酸的嚐起來像是很濃郁的優酪乳，強酸的則足夠把牙齒溶蝕掉，這種酸奶基本是不能喝的，主要是拿來當調味料，在很多俄式料理都用得上。最普遍的用法是代替沙拉醬，來拌蔬菜或水果，口感滿清爽的，熱量也比沙拉低得多，應該是不錯的減肥食品（如果拿來喝，減肥效果一定更驚人吧）。

俄文牛奶發音近似「摩洛可」，不過光認大字偶爾會出錯。有一次就買到一種超便宜的牛奶，喝下去的味道卻實在很奇怪，保守的形容，像是加水稀釋過的不甜養樂多！！牛奶再怎麼變質都不該是這味道，拿去請教宿舍裡的俄文高手，他承認也沒看過這樣的包裝：「人工……化學合成牛奶」！！他低聲唸出來，天哪……這到底啥玩意？

俄國人也蠻常喝咖啡的，不過大概是氣候的關係，露天咖啡座並不多。喝咖啡加糖或加牛奶都是要另外付錢的，奶精大概不便宜，一般店都改加牛奶，但是冰牛奶加到熱咖啡中，咖啡不熱，味道就變差了。看來俄國人對咖啡文化，說不上講究，一般家庭也都用即溶咖啡來待客。造成這種現象，可能是因為在俄國，茶的地位比咖啡要來得高。

雖然餐廳裡提供的，清一色都是立頓紅茶，但是到超市去看，則是完全不同的光景，各式各樣的茶葉佔滿了一整排貨架。大體來說，分成紅茶和果茶兩大類。偶爾有些茶葉標明是「中國茗茶」，但光看

封面上的中國廟宇畫得歪七扭八，再加上不甚高明的中文商標字體，就知道對於口味就不要抱太高的期望了。各種調味茶，或者做成茶包，或者整盒的茶末，添加了藍莓、薄荷、蘋果、鳳梨、櫻桃……五花八門，就只差沒找到榴槤和香蕉口味的。不過大體上各種水果茶不管加再多茶葉，仍是淡而無味；但水果香若到了刺鼻的程度，實在也消受不起。橫越萬里到了俄國，竟還是只能以立頓紅茶為伴，這大概是英國唯一還保有日不落光環的代表性產品吧？

像台灣稀釋20％、30％的果汁，在俄國恐怕是沒人要買的，鮮果純汁若沒有100％叫什麼果汁？兩公升大罐裝也超便宜，大概榨得出汁來的水果都有，不過喝來喝去我還是認為蘋果汁比較對味。

還是喝水最實在吧。聖彼得堡的水管系統頗為老舊，也許是水中含有鐵鏽吧，衛浴設備總有一道鏽跡，這種水自然是不適合飲用的。家家戶戶都習慣去買淨水器材，來加以過濾再喝。至於熱水，也是集中在城市中的幾個熱水鍋爐廠燒出來的，或許是工廠產品，味道聞起來也是不大對勁。因為並沒有打算久住，所以只好靠買礦泉水來解決飲水問題。五公升大桶裝的礦泉水可以撐上三四天，不過當地的礦泉水又分為加氣與不加氣兩種（搞不懂為什麼要在水中灌進二氧化碳？），加氣礦泉水的味道就像沒糖的汽水一樣，難以下嚥，解決之道是把它煮沸，把氣趕掉。

因為礦泉水的品牌太多了，不小心點還會踢到鐵板。買到有氣的還算小事，有一次認明是不加氣的便買了一大桶，結果喝起來是鹹的！！如果我真的要喝海水，到旁邊的芬蘭灣去裝就好了。加上之前的人工化合牛奶，得到的教訓是：在俄國，裝在瓶子裡並不就是代表

能喝，買東西不認清品名肯定會吃大虧。

俄國人愛喝酒是有名的，伏特加酒精濃度動輒80%～90％，這種火箭燃料，俄國人一買就是好幾瓶。不過如果怕胃壁被燒穿，倒是可以買點「巴爾幹牌」啤酒來嚐嚐。這是所謂的「學生啤酒」，市面上有一系列，編號從三號到十五號，號數越多的酒精濃度也越高。第一次喝三號的，覺得味道很不錯，和台灣啤酒頗為相似，很好下口。不過喝完以後就不太對勁了，仔細一看──酒精濃度12.5％，等於喝下了一罐米酒。當晚趁著還沒開始胡言亂語，就趕緊縮在床上，一覺睡到天光。

最淡的三號都喝得昏昏沉沉的，其他濃度更高的就更不用說了。街上卻多的是人手一瓶，男男女女像在喝可樂般，想到就喝上兩口。酒喝多了，免不了有人發酒瘋，有次見到一對醉漢在打架，兩個人像《駭客任務》（Matrix）一樣，用慢動作打來打去，你來我往的卻怎樣也打不著對方，警察一來把兩個傢伙拎起往警車裡一丟，才結束了這場鬧劇。

第十三章

家常料理

──食在俄羅斯（下）

自己整自己──做飯吃

俄國的商業區和住宅區，區分頗為明顯。也就是説，除非往市中心去，住家附近找不到什麼吃的。台灣帶來的泡麵，在這裡又變成逢年過節、生日喜慶才能開上一包的珍品。雖然自己煮可能會造成胃潰瘍、腸穿孔等症狀，燒焦的食物吃多了更會致癌，不過總不能眼睜睜地看著自己餓死。去超市買了食材，順便再買一具滅火器後，準備冒生命危險自己做飯。

男生宿舍裡的烹調用具除了平底鍋外，一人只有一個鋼杯，煮飯是不可能的，大家的主食就以義大利麵和水餃（超市的冷凍食品）為主。水餃內餡只有肉，皮厚個頭小，一個鋼杯就可以煮上二十個，味道差強人意；義大利麵種類繁多，煮法反正只有一種：份量就是一次倒半包，至於火候倒沒什麼問題，反正怎麼煮也煮不爛，多煮一會兒就是了。煮好了可以加現成的義大利麵醬，

省事點就加蕃茄醬或醬油（這裡賣的韓國醬油，味道還不離譜），嘗試過使用台灣帶來的油蔥拌麵，不過味道就是不大對勁。

煮完水餃和麵條的湯則再加工，先加入半包康寶湯包（此亦為國際性產品，不過當地只有蘑菇和馬鈴薯兩種口味，俄國自產的湯包口味多得多，不過味道不太高明），再把所有買得到的材料加進去，通常一碗湯裡總共有：雞蛋、牛奶、罐頭玉米、罐頭海帶、蟹肉棒（這個味道跟台灣一樣）、包心菜和蘑菇（超市賣的）、草菇及洋蔥（傳統市場買的）、火腿、乳酪片、冷凍什錦蔬菜……（只差沒再加進半罐通樂）。煮成一坨硬塊之後「碰」的一聲摔在盤子上，與其叫湯，也許該改個名字叫「俄羅斯超硬布丁」，這種東西我之所以每次都吃得精光，實在是因為如果往水槽裡倒的話，恐怕水管會為之堵塞。

道地俄國家常餐

拜替人搬家之便，俄國房東請我們這些「腳夫」吃上一頓俄國式的家常便飯。飯前先上一道沙拉，主要是蕃茄片和蔬菜淋上酸奶。俄國的城市居民，通常會在城外買一小塊的農地，在旁邊蓋上一座小屋。每逢假日，就會離開城市去那兒休息，順便照顧自己在農地上種的作物，通常是一些水果或香料植物。不知是品種問題還是缺化肥，自產的這些蔬果都小小的，長相歪歪扭扭的不大好看；但既新鮮又美味，也代表了主人家的一番心意，在這裡大概也算稱為「有機栽培作物」吧。

吃過沙拉之後，上了一盤火腿片。接著是自製的麵包，和街上

賣的滋味真是不可同日而語；抹麵包的除了奶油之外，也可抹濃一些的酸乳，以及自製的草莓、藍莓，及柑橘果醬。麵包吃完則上羅宋湯，這種俄國的代表性食品，家家做法各有不同，用蕃茄熬的湯，滋味微酸，喝湯前也加入一湯匙的酸奶拌在一起。飯後甜點則是自製蘋果派。吃下這餐飯的同時，似乎聽到我遭受長期虐待的胃腸在唱「哈利路亞」。前任房客提醒我們，為了讓房東開心，她不管煮多少我們都一定要吃完，於是我們一邊拼命吃，房東太太便眉開眼笑地不停加菜，這頓飯把幫忙搬家的四條漢子的肚皮都撐漲了。

房東太太在退休前是個鋼琴老師，大家酒足飯飽之餘，她隨興彈了幾段小曲給我們聽，她在念專科的孫女也在旁作陪，老太太很驕傲地說，她的孫女是聖彼得堡區的中學鋼琴比賽冠軍，看來也是家學淵源吧。我告訴他們，普雷特涅夫在台灣的一場表演，門票最低也要一千盧布，祖孫兩個都大為吃驚。總之，這頓晚飯量多質精，主人家又殷勤好客，對於隔天便離開俄國的我，算是一個足堪回味的句點吧。

市集——便宜有好貨

雖然什麼材料給我煮過後，下場都一樣，不過還是持實驗的精神，每天換幾種材料來糟蹋，因此常常光顧市場。

超市就在宿舍對面，日常用品及食品都頗為齊全，價格也不離譜。俄國近年的經濟狀況雖然不佳，但是畢竟脫離了以往刻板的印象——整天排隊，只為了買上幾卷衛生紙，以及偷偷摸摸進行奢侈品交

易等現象，已不復見。據當地的留學生説，日常用品大體上是不缺的，但是到了冬天，還是會碰到肉類及新鮮蔬果短缺的情況，大家還是習慣多少在家裡囤積些物資。

超市賣的蔬菜大體上是包裝好的，至於乳酪和火腿則有專櫃，種類繁多。把想要的種類點給櫃台小姐看，告訴她要買幾塊錢或多少重量，她便會替你用機器切片，封裝起來後貼上標價，到收銀櫃台一併算錢。

俄國的法定貨幣盧布近年來價值狂跌，一九九七年發行了新盧布，把原來的幣值一律砍掉後面三個零，也就是説新的一盧布等於一千舊盧布，為了應付更小額的交易，原已經被廢止的戈比又被重新啟用，超市的標價因此常到小數點後兩位，算起錢來甚是煩瑣。大概就是這樣，櫃台小姐都不太有耐性，如果掏零錢稍慢，對方就擺出一副晚娘臉孔。後來光顧的次數多了，彼此看熟了，對方的態度似乎也好了不少。

宿舍附近也有傳統市場，除了食品之外，衣服雜貨都有攤子在販賣，大致的情況和我們這邊也沒差多少（也有專賣盜版CD的攤子），每樣產品都會插上牌子，説明每公斤的定價。雖然在俄國殺價是習慣，不過俄語不佳，再加上對方小本生意，砍價空間有限，我也就乾脆些買了就走。前面提過，在俄國攤子上買蔬果等不時興挑三揀四的，用手拿了就得買下，不過攤販本身，也會稍篩選後才擺出來，因此倒也沒買到不良品。

由於俄國當地的石化產品價格偏高，因此塑膠袋並不是隨便給的。在超市的話，袋子要另外買，傳統市場的攤販則是不提供袋子，

上市場的人必須自備購物袋。有一次在市場買新鮮草菇，撿完後雙方卻都沒袋子可裝，剛好地上吹來了一個塑膠袋，也就撿起來用了。有次，買了幾個馬鈴薯，雖然上頭都是土，可也不能捧在手上，只好往書包裡放了。所以在俄國逛市場，隨身帶購物袋是必須的。

　　傳統市場上有個很有趣的現象，就是到處都是黃蜂，停在水果攤、肉攤、垃圾桶等地，反正在台灣原本該出現蒼蠅的場合，都由黃蜂取代。這種長腳蜂漫天飛舞，大家都習以為常，也沒人揮手去驅趕，反正拿貨品時它就會自己飛開了。不管怎麼說，黃蜂看起來還是比蒼蠅衛生一些。

荒漠甘泉——中國餐館

　　在預算有限的情況下，偶爾上上中國館子，算是慰勞自己的方式。近年來在聖彼得堡開設的中國餐館漸多，以大陸人開的佔絕大多數，菜色的精粗差異則頗大。曾在聶夫斯基大道上吃過一家，茶水裡滿是茶葉梗，玉米濃湯甜得不得了，雖然說給外國人吃的中菜口味常偏甜，不過這也未免太超過了。

　　當地的中國菜價格倒不離譜，一行五、六個人，每人點上一道，一餐下來好吃又不貴。當地留學生介紹的幾家，味道都滿道地的，不至於像那種專門給外國人吃的「中國菜」。有台灣或大陸的客人上門時，老闆娘多半會親自出來招呼，處理點菜事宜，多少給我們一些優待。中文菜單對大家自然是一大福利，為了俄國侍者可以懂，中國餐館會在菜前面編號，告訴他幾號要幾份就是了，不然跟俄國人說要

「蔥爆里脊」、「西湖牛肉羹」，對方可能要爆血管了。

　　雖然在俄國待的時間還不算長，那一陣子已經覺得白飯實在好好吃。有一次招待從莫斯科來訪的朋友，因為在場共十多人，可以盡量點菜，大家更拼命加白飯，一盤又一盤的飯，總共上了八次之多。上菜的美麗女侍大概看我們這樣狂吃覺得很有趣，每次來加飯的時候都忍不住笑容滿面。在吃飽後，我們還藉「飽」裝瘋，要求跟對方合照，她竟答應了，一堆男生自是蜂擁而上，照相機鎂光燈閃個不停。我猜雖然在中國餐館裡工作，我們這些傢伙應該是她見過最熱情怪異的一群中國人吧。

　　不過這樣猛吃，有人消受不了，腸胃造起反來了，回到宿舍後，馬桶的沖水聲嘩啦拉地持續到半夜。

　　就這樣，每天光覓食就花了不少時間，但是兩肩擔一口，生命不就是這麼回事嗎？回到台灣不久，收到同伴們從俄國寄來的明信片，要我幫他們多吃幾口台灣的美味小吃，我也欣然應允，勉力為之。比起俄國來，台灣的確是個不折不扣的美食天堂，不過我還是會常常回憶起，佇立在俄國街頭時，邊品嚐著冰淇淋，邊看著行人來來去去，那一份悠閒，以及口中留下的幾許香甜。

第十四章

水陸兼程

——行在俄羅斯

俄國人開俄國車

　　就一個人口四百萬的大城市而言，聖彼得堡的車輛密度算是很低的。停車從來不是一個問題，除了幾個觀光景點之外，整個城市裡並不設置停車格。市中心的聶夫斯基大道上，紅綠燈屈指可數，整個月裡也只碰到一次。除了汽車買得起的人還不多外，大眾運輸網路的完善與出奇的便宜，也是一大原因。

　　雖然在和煦陽光下漫步，頗為詩意，每天的步行時間也總有六、七個小時，不過偶爾還是想，有個摩托車或腳踏車代步其實也不錯。聖彼得堡夏天天氣多半晴朗，能騎腳踏車在這個道路寬廣、車輛稀少、建築典雅的城市中漫遊，該是很暢快的事情才對。

　　結果待在俄國的一整個月中，不但從來沒見過人在騎腳踏車，也只在住宅區附近看過兩次50cc的小綿羊。後來問人才知道，這種小機車是進口的稀有貨，駕照也很難

考，年輕人覺得能夠弄到這種車來騎滿酷的（還有輕型機車駕訓班呢！）。腳踏車也少而貴，百貨公司中沒有變速的陽春型，都要將近兩千塊台幣，約是一個教授月薪的三分之一。再說冬天冰雪封街的時候，連走路都恐怕會四腳朝天；想要騎車上街，還不如乾脆躺在地上用滾的，還省了摔車這道步驟。

也許是缺乏維修經費吧，市內許多道路的狀況都很糟糕，汽車行駛的馬路倒還勉強可行，至於人行道就慘不忍睹啦，只見地面四處水泥翻起，坑坑疤疤，彷彿遭到密集炸過般。不過只要有經費能動手維修，俄國人會毫不含糊地將整條路面挖開來，從最底層起施工重鋪，同時會在涵洞的周圍留下一圈空隙，等路面將近完工時，再用手工補平。採用這種手法鋪出的路很快就能完工，整條街瞬間平平整整，這比台灣採用狗皮膏藥式的修路法，可真要高明得多了。

路上跑的私家車大體有兩種，如果是進口車，多半是二手的，這些在西歐折舊完畢再轉賣到俄國的汽車，有的尚有六、七成新，看起來還頗為體面。但也常看到烤漆片片剝落，排氣管快貼到地面的賓士，還在為它的「第二祖國」貢獻殘生。

大半的俄國人則開國民車。俄國管本地產的國民車叫**Lada**，這是車廠的名稱，全新的車子各型價格都在十萬台幣左右，台灣的留學生多半會買來代步。除了價格具有競爭力之外，它本身還頗有「民族特色」，也就是小毛病層出不窮，但偏偏就是不會壞。街上的**Lada**很容易聽得出來：跑起來排氣聲大得驚人，車速明明還不快，但聽起來卻已經像是在拼老命了，車子每次起步時，則照例放上兩響砲，至於像暖氣關不掉這種小問題就不用去計較了。光聽引擎聲，總以為這種車

下一秒鐘就要燒起來。

　　不過車子會變成如此，恐怕跟俄國人的開車習慣也頗有關係，照他們開車的習慣看來，搞不好真的沒聽過「速限」這玩意，不論誰一上車總喜歡把油門催到底，好像油箱裡加的不是汽油而是伏特加，或許是從二次大戰的T-34駕駛[1]那兒傳承到這種衝勁的。但更令人驚奇的是，俄國駕駛人卻頗為禮讓行人以及尊重交通號誌，因此時常要從瀕臨音爆[2]的邊緣做緊急煞車，紅綠燈前常密佈著長達數十公尺的煞車痕（想想機場跑道那個樣子，大概就有點概念了）。我會建議過馬路的人，只要聽到Lada那轟隆的引擎聲，最好就在路邊稍微等候吧，不然當你看到車的時候，通常都太遲了。在街上就曾看到一部車，不知為了閃避什麼，在劃下大段煞車痕跡後，還作了個90度的轉彎，把整個車頭，攔腰插入另一部車裡去。

　　這種橫衝直撞的飆車法，就不難解釋大部分Lada的引擎，為何聽起來都未老先衰，小毛病層出不窮，修車成為大部分車主的假日消遣。但是這Lada車身結構很強韌，據說大部分的機械故障，用「鐵鎚法」就可以排除大半了。

　　俄國產的高級房車也不是沒有，例如叫Gaz的車，車身寬大，內裝豪華，行駛平穩，並不比BMW遜色。以前給蘇聯高級官員搭乘的Volga牌的汽車，則不知是否還在生產。

1　T-34，蘇聯在二次大戰時的主力戰車型號，為當時世界上速度最快的戰車之一。

2　飛機在突破音速前夕產生的現象。

俄國版的終極殺陣

在經濟不佳的情況之下，大部分的俄國駕駛都不會放過賺外快的機會，也就是兼差開計程車。在聖彼得堡無照也能開私家計程車，你若趕時間想搭車，只要到路邊去揮揮手，想要賺外快的駕駛便會靠邊停，這時便趨前講價。價格蠻有彈性的，談得攏就上車，下車再給錢。價格視距離的遠近及乘客數量而定，和車子好壞無關，因此有時搭到車廂裡堆滿工具的Lada，也有機會搭到前述的Gaz那樣的高級車。

搭計程車提供我們近距離觀察俄國駕駛習慣的機會，如前所說，在路旁看他們開車，已經覺得像在開賽車，真正搭上車就會覺得《終極殺陣》（Taxi）裡的主角真是小兒科，人家俄國人不用改裝，就可以讓車子飛起來了！去看「開橋」那次搭的計程車，就是這樣：半夜一點左右，路上少有車子，路燈也沒幾盞，司機開得飛快，使得車身上焊接不牢的地方喀喀直響，擋風玻璃也發出格格聲，好像快要被風壓破一樣。當我們隨著急轉彎的離心力，像是樂透彩球般在後座上滾來滾去時，司機竟仍好整以暇的和前座的同伴說話。轉了個彎，目的地突然出現眼前，車子在一陣嘰嘎聲後煞住了，我想這是全程中他唯一一次踩煞車。以這種駕駛速度與勇氣，如果當時正好「開橋」開到一半，說不定可以一鼓作氣把車子飛到聶瓦河對岸去。

所以，建議沒有急事的話，應該盡量搭乘大眾運輸工具；但是要是真的趕時間的話，隨便招到的哪一輛車，都絕對可以滿足你的要求。但是請注意，俄國駕駛人是不在後座提供嘔吐袋的。

公車

宿舍門口就有公車站牌，俄國公車都是兩截車廂連結在一起，前後都有門可上下，車資一律兩盧布。司機的位置和乘客完全隔離，另有車掌收票，車掌多半是老太太或中年婦女。

就我的觀點，他們收票的方式很不科學。當有新乘客上車時，車掌就趨前收錢，再從成捲的票券中撕下一張給你。小小一張，印刷粗糙的票券，各路各車次都一樣。於是搭公車的人一旦多起來，車掌就很難注意到，是不是每個人都收過票了。再説，每張票不仔細核對號碼的話，根本分不出是打哪來的，有心要矇混過關也很容易。雖説車資很便宜，卻還是遇到有搭霸王車的，對方抵死不承認，車掌也不能拿他如何；除非碰到公車處的查票員，對方會要求你出示票券，沒有的話才能罰錢。

每路公車間隔多半是十分鐘。大概是因兩截車廂的限制，多半開得不快。座位不多，不過倒都還收拾整潔，整體的內裝頗像台北市之前和匈牙利買的那批公車。

街上還有有軌與無軌電車可搭乘。和公車比起來，這兩種電車都更為陳舊。有軌電車的路線不多，雖然它在路上發出鏘鏘聲行走時，頗能發人思古幽情，不過車身鏽蝕破爛的程度實在嚴重，特別能讓人感到，聖彼得堡在城市華麗的表面下經費不足的困擾。無軌電車的路線則甚為繁密，和公車不相上下。因為用兩根長長的天線，搭著頭上

的輸電纜，俄國當地稱之為「蟑螂」。有時在轉彎處蟑螂車的「觸角」會從電纜上彈開，車子一停擺，司機便會下車，拉動繫在「觸角」根部的繩子將它導回原位，再繼續開車。司機的動作駕輕就熟，乘客對這種停頓也都習以為常，這種景象在大陸上的各大城市中也頗為常見。

深邃的地下鐵

　　和名聞世界的莫斯科地鐵比起來，聖彼得堡的地鐵要陽春得多了。雖然沒能夠建成莫斯科那樣完整的環狀網絡，仍是非常便利，城內的大部分地方，十分鐘路程之內，都可以到達一個地鐵站。

　　雖然不能和莫斯科地鐵站那種金碧輝煌、媲美東正教教堂的華麗風格相比，大部分的地鐵站仍蓋得頗有古典藝術氣息。聶夫斯基大道上的幾站，地鐵開口則在商場底下，和百貨公司及人行地下道共用出口。因此如果在街上看到某家商店門突然打開，一股腦兒湧出數百人，可別太驚惶，誤以為是在搶購環保袋，那只不過某一班地鐵剛到站罷了。

　　俄國地鐵的入口標示也是個M字，除此之外，因為地鐵氣壓比地面上高，車站裡一股乾燥而帶著怪味的強風，總是會源源不絕的湧出。那樣的味道雖然說不上難聞，卻讓人印象深刻。和總是空調順暢的台北捷運相比，俄國地鐵帶有一種獨特的氣味。

　　台北的捷運網路陸續通車，帶來的方便有目共睹。嶄新光亮的捷運站，現代化的標示與設備，讓使用者也分享了身為先進城市一員的

驕傲。若說有那麼絲絲遺憾的話，或許就是車站的內裝，實在太單調了，常會坐上好幾站，突然產生不知自己身在何方的茫然。生命中充滿了太多無味卻難以避免的重複，當必須每天在這點到那點之間來來去去時，真企盼每個車站，能各自多上那麼幾許色彩。

聖彼得堡地鐵的月台設計，多半是採開放式的，而封閉式的是用水泥搭建的，下到月台上，只見兩邊牆壁上一排電梯門般的開口，地鐵到站時鈴聲響起，「電梯門」打開，一群人進進出出，滿有趣的景象。不過也許是電車老舊，車內總是昏昏暗暗的。座位靠著車廂兩邊設立，大家在晃盪的車廂中多半沈默以對。車廂內也沒廣告可看，窗外只有地道裡醜陋的管線，實在無一足觀。

聖彼得堡地鐵的價格出奇便宜，不計里程，一個代幣是三盧布，只要不出站，各線隨意轉搭，若買地鐵和公車通用的月套票更是划算。營業的時間，由早上五點一直到午夜，平均兩分鐘有一班。

聖彼得堡地鐵的一大特色是挖掘得非常深，第一次搭乘時，長長的電扶梯由上方向下看不到盡頭，地道中的強風迎面而來，有點直通地獄般的錯覺。地鐵站最少都深入地下約十五層（約五十到六十公尺），多的還有深達一百公尺以上的。之所以挖得這麼深有兩個目的：一是為了避免聶瓦河河水滲入地道，必須深挖，另外據說還有防核爆的功能。

這麼深的地鐵站，電扶梯自然是極長的，同時，運作的速度非常快。每次站上去，身體都會感到突然的衝力。即使在這麼快的速度下，通到車站往往都還要三分鐘左右。一般車站的電扶梯都有三座，隨著上下班的人潮走向，來調度往上或往下的數量。對趕時間的人來

說，三分鐘的耽擱可不得了，俄國人習慣保持電扶梯左邊絕對淨空，好讓趕時間的人走。至於其他不趕時間的人，也習於利用這個電扶梯空閒：看報紙和小說、打毛線、聊天和親親熱熱的擁吻等……。對遊客來說，利用上下交錯的一瞬間，觀察俄國的人生百態，自然是打發時間的好辦法。

有一次在地鐵站，正好見識到俄國人對足球的狂熱。當天從彼得保羅要塞要回家時，地鐵站旁的足球場剛好散場。由於聖彼得堡隊打贏了這場，明天將與宿敵莫斯科隊決戰，而聖彼得堡隊的標記是藍色的，因此整個地鐵站裡裡外外都是一片鮮藍。帶著各式聖彼得堡隊圍巾、旗幟甚至特製的藍白小丑帽（在當地的運動用品店中也要賣台幣一千五百塊左右，可不便宜呢；又，俄國人大概還沒發現瓦斯喇叭這玩意，想起來倒是件好事。）

到了地鐵門口可精彩了，門口停了兩輛卡車，手持盾牌的鎮暴警察坐在卡車的後座上待命，在地鐵門口則有十個警察分散開來，注視著來往的人群，其中幾個竟然還帶著衝鋒槍。基於安全的理由，是不是該用匍匐前進的方式，往地鐵站爬去呢？一走進車站，裡頭更誇張了，警察把中間那座電扶梯停下來，上面每隔五公尺就站一個警察，一直綿延到月台上，只要是正在講話的人，警察就盯著他們看；尤其是帶著加油打氣工具的人稍一駐足，就有警察移到身邊「關切」一下。有趣的是，當班車載走一批球迷，月台較清靜的空檔，警察自己也是聚在一起興沖沖的交頭接耳。

隔天晚上，我正在窗前寫明信片，遠方足球場上的夜空中，驟然爆出煙火花樹，震天歡呼遠從市中心方向傳來——聖彼得堡隊打贏了

莫斯科！！看到俄國人對足球的狂熱之後，得說聖彼得堡隊的勝利，
的確值得欣慰，不然的話，地鐵裡的那些警察先生可有得忙了。

第十五章

隱身郵電局

俄國的郵遞頗為便宜，也甚為可靠，從聖彼得堡寄信到台灣，約略十天到兩週，費用是二十盧布；風景明信片到處有賣，小張的二盧布[1]，大張的五盧布。也有民營的快遞公司，寄信的價格與速度和公營郵局也相彷彿。聖彼得堡的郵電總局，設在冬宮對面的陸軍總部大樓裡，內部裝潢典雅，服務也甚有效率。除了郵寄與打國際電話外，也可以在此買到便宜的電話卡與國際電話預付卡。

宿舍旁就有郵局，位在芬蘭灣邊，郵局本已小小的招牌，卻又和郵筒一起掛在一根大柱子背面，從路邊剛好看不到，結果為了找這間小郵局，竟然過門不入了四趟。

在俄國不論寄往本地外埠、國內國外的郵件，都投入同一種郵筒：小小的郵筒依附在建築物上（聖彼得堡大學大門的門柱上就有一個），暗藍色的筒身斑斑駁駁很不起

---

1 荷蘭一張小明信片要1美元，約25盧布；莫斯科則是一張5盧布。

眼，常要花一番功夫才能找到。筒身上還留著蘇聯的鐮刀鐵鎚標記，成為紅色帝國僅存的遺跡。

宿舍沒電話，得到一樓的販賣部去用公用電話。聖彼得堡的公用電話一律採用插卡式，電話卡有1000、500、100、50等單位。可以直接用公用電話來打國際電話，一接通就要30單位，之後約略一秒鐘一單位。除了週六日半價之外，每晚的十點鐘以後亦是減價時段；不過與台灣夏日時差四小時，晚上十點打回去國內是半夜兩點，這項優待對我們而言，就不太實惠了。電話的音質甚為清晰，好像在打市內電話一般；不過線路不是非常穩定，有時通話會突然中斷，重撥又要多耗30單位不說，重要的對話突然中斷，更是讓人悵然若失。

某日，俄國雲淡風清，台灣正逢七夕。中午打電話給她，電話突然啪答一聲斷了，再怎麼打也不通。為了擺脫對話中斷的困擾，心想郵局的付費國際電話或許會好點吧？下午沐浴更衣之後，懷裡揣了一本英俄字典，獨自往芬蘭灣岸邊走去。

郵局的電話部門在二樓，一片寂靜中，只有一個值班小姐在翻羅曼史小說，聽到要打國際電話，她丟出了一張申請表，又自顧自地看書了。乖乖隆地咚，除了自己的名字，受話對象的國家、電話號碼之外，怎麼還有那麼多項目要填？看來連受話人的祖宗十八代，都得仔細交代，難道這是從蘇聯KGB繼承來的文件格式嗎？除此之外，還有一大堆的俄文簡寫，字典裡根本查不到。大概跟字典磨菇了太久，激發了俄國人對俄文殘障者的惻隱之心，小姐說剩下的免填了，告訴她要打幾分鐘，然後去其中的一個電話亭中等。

在郵局打電話，一分鐘20盧布，超過時間就切斷，通話時間不

足，郵局是不退費的。考量了一下後，給了對方100盧布，告訴她要打五分鐘。

接下來也不知到底花了多久，五分鐘、十分鐘還是一小時？只知道坐在話亭硬板凳上的我，等得快昏迷了。除了偶爾的靜電雜訊，和突然冒出幾句不知所云的俄文對話，大部分時間都是無邊的寂靜。每次探頭出去，小姐總說再等等，就要通了。在冷氣有些凜冽的房間裡，不知為何，我卻開始淌汗了，然後喀啦一聲，電話通了！！

電話是她姊姊接的，模模糊糊的，聽起來好遙遠，說她不在家。我說，改天再打來好了，對方則問，要不要叫她回電話？想到此刻，自己身在俄國昏黑的電話亭裡，突然不知該怎麼回答才好。在荒謬的過程中，再正常不過的對話，卻變成出奇的可笑，我告訴對方不必了，掛上了電話。在電話亭中，不知該用頭去撞牆，還是就此大笑一場……。

櫃台的小姐看了看我，問怎麼才打一分鐘？我搖搖頭，說對方不在家。不知是猜到或感覺到了什麼，她忽然笑了一笑，把剩下的80盧布退還了……。如今她的面貌已經模糊不清，但我卻還是一直記得那個心照不宣的微笑。

走出郵局，下午五點，陽光明亮而溫暖，海風吹拂著芬蘭灣邊。那日，俄國仍舊雲淡風清，只是不知道台灣有沒有下七夕雨呢？

第十六章

我愛盧布

兌幣所

蘇聯雖然瓦解了，俄國卻因冷戰所傷，元氣始終未復，邁向市場經濟的路，步履走得甚是蹣跚。雖然大量的商品湧進市場，一般人民的所得及購買力仍舊偏低[1]，從「有錢買不到商品」轉到「有商品卻沒錢買」，可說是現今俄國的寫照。

俄國金融制度並不健全，因此就出現了一些怪現象：銀行的電匯非常不可靠，台灣留學生寧可透過中華民國駐聖彼得堡的辦事處來轉匯。市內少少的幾台提款機，只要一補鈔票，馬上就被人提光（也許是藉機把被鎖死在銀行中的存款多少挖出一些）。盧布本身的價值不高，很多商店包括攤販，都歡迎用強勢貨幣來交易，其中以美金最受歡迎。不過外幣用於小額交易，畢竟不方便，在這種情況下，「兌幣所」在市內各處出

---

1 教授每月收入6500盧布（約台幣8500元），已經算是收入比較高的一群了。

現。

　　兌幣所是私營的，通常在門口掛上大大的招牌，標明美金與盧布的兌換比率，價格日有波動，匯率各家略有不同。換錢也和買東西一樣，貨比三家不吃虧。

　　內部通常裝潢簡單，只有一兩個像售票亭般小小的兌換口。事涉大額金錢交易，俄國人對此頗敏感。一次只准一人交易，警衛會阻止人在窗口排隊，或許是避免有人窺探前面的人到底換了多少錢。攜帶瓦斯槍與警棍的警衛，似乎總是緊張兮兮地張望著，不過偶爾警衛也兼差換錢，私下和顧客做美金兩三百元以下的小額兌換。匯率與窗口一樣，不過少收幾盧布的手續費（窗口則會給你一張收據），也省下了等候的時間。想來警衛必然有些差價可賺，店裡對此也睜一隻眼閉一隻眼，其中奧妙就非外人所能解了。

　　提到俄國人對錢的態度，一般說來，大家都愛錢；而俄國人，或者說聖彼得堡的居民，對錢的熱愛自然也是欲罷不能。

　　俄國人不會放棄任何賺外快的機會，例如開順路的「計程車」就是一例。如果要求對方做什麼事情，需要給點「服務費」時，對方會直接說；如果不願給，或者價錢談不攏，轉頭就閃人，乾淨俐落倒也不會傷和氣，只是常要為此討價還價，花費不少力氣。不過談攏之後，對方一定幫你辦到好，尚不至於偷斤減兩，企圖另外敲上一筆。這種把「我要錢」寫在臉上，要得理直氣壯，對鑽營小利充滿熱情的態度，其實還蠻令人激賞的。

股票交易所

　　經高人指點，才知道聖彼得堡股票交易所也可以換錢，而且匯率還可以討價還價。於是造訪一家股票交易所，當天走進去一瞧，只見地方頗為侷促，全是夾板隔開的狹窄走道和交易窗口，業務員就站在自家的窗口等待開市，交易所最高處則掛上一個股價顯示牌，上市股票好像也沒幾家，股價也都很便宜。

　　因為俄國銀行情況不穩，這裡的投資人無法開股票專戶來轉帳，多半就是和業務員做現金交易，因此這些人多半身懷大量的盧布或外幣，也樂於順便做些外幣兌換來賺點差價，但想換匯得趁開市之前。

　　交易過程和在攤販上買東西也差不多，看那個業務員順眼（通常美女優先考慮），就上前探問她換不換外幣（對方幾乎都願意），然後就進入用計算機講價的階段。有趣的是，其實交易所內，也有一個公定匯率，只是大家默許在開市之前私下講價。但總不能公開破壞行情，所以交易雙方都默不作聲、遮遮掩掩的用計算機來討價還價，有點像古代中國牙行，大家攏在袖子裡拉手比數一般。因為蠻有做黑市交易的味道，這種討價還價的遊戲，玩起來還真是特別有趣味。不過通常在這裡交易的金額都比較大，沒有五、六百美元以上的金額，對方不見得有興趣交易，而一旦開市時間到了，每一家「黑戶」就口徑一致，沒有講價空間了。

失魂記

不過就如前面所說，當地是大量強勢貨幣交易的地點之一，現款可能比銀行還多，安全措施方面就特別注意。運鈔的保全車，雖然看起來像冰淇淋車般不太中用，一旁手持自動步槍的保全員，神情卻很是剽悍。另外在股票交易所內也有安全人員，同樣是緊張兮兮的。就是因為他們太敬業，差點害我因為一時手癢而魂歸西天。

其實聖彼得堡各處收入較豐的商店，例如麥當勞等速食店、百貨公司、精品店等，多半雇有這類的「保全經理」。身材挺拔，肌肉結實，頭髮理得短短的，雖然多半西裝筆挺，仍透出受過軍事訓練的氣息[2]。他們並不招呼客人，只是靜靜站在一角，注視著店內的情況。除了防搶，也有防止顧客鬧事，或者驅趕流浪漢等功能。

回到交易所這邊，身為一個遊客，手上有具照相機也是很合理的。既然來到這種特別的地方，自然照張相記錄一下。沒想到閃光燈剛閃完，有個穿野戰服的大個兒突然冒出來，抓住我的右手，把我整個人扳過來。這傢伙比我高了一個頭，留了滿臉的大鬍子，用充滿殺氣的眼神猛盯著人，嘴裡的幾句俄語從牙縫中冒出來，根本聽不出是什麼（老實說，這種情況下，我連中文都忘記了）。當時並不確定，他是打算用桑勃[3]折斷我的脖子，還是像動作片裡那樣，讓人穿過交易所的大玻璃窗飛出去。這時候有個業務員大概跟他解釋，說只不過是來換外幣的外國傻鳥，他才又瞪了我兩眼，放開了手。真想不到對

2　多半是軍隊轉職的，其中不乏特種部隊出身者，在俄國目前的經濟狀況下，這種工作有點浪費他們的才能，不過收入自然遠比待在軍隊中要豐。

3　一種俄國格鬥技，扭斷對方關節是其重要的攻擊方式之一。

方對照相這麼敏感，難道他以為我是在勘查地形，準備策劃一次搶劫嗎？

　　後來對當地情況瞭解較深後，就知道自己是太不小心了，戶外的景色自然是隨你照，在室內要照相，就一定要探詢管理員。很多博物館及機關，有的不准拍攝，有的則得購買攝影證才行。至於照人的話，要取得對方同意，這當然是基本禮貌了[4]。

4　簡單的問法發音近似：「moshina photoglaphy？」（可不可以照相），對方回答「da」（是）才可以動手。

第十七章

去俄羅斯Shopping

百貨公司

　　蘇聯瓦解後，盧布的價值就一落千丈。最風光的時候，一盧布可以兌換六美元，一九九○年以後幣值就跌跌不休，到了一九九七年政府統一發行新盧布，一九九九年發行的新盧布對美元的兌換率24.5：1（一盧布約等於當時一點三台幣），近年的匯率也是在二十五到三十上下浮動。前面說過俄國一般民眾收入不豐，但相對物價也十分低廉，生活用的水電暖氣，交通設施都十分便宜，因此多數人還能維持勉強的生活水準。

　　習慣了台灣物價水準的人來說，看到當地的物價實在是低廉得讓人心花怒放，每次在聶夫斯基大道上漫步，潛藏在血液中的購物狂熱便蠢蠢欲動。

　　聖彼得堡市內主要的百貨公司，有公營一家與私營的兩家。公營百貨是蘇聯時期傳承下來的，一般就直接稱呼為國營百貨，型態比較像是愛買一類的大賣場，幾乎什麼都

賣，上至動輒萬餘盧布的珠寶皮草，下到兒童讀物、糖果餅乾等民生必需品，應有盡有。國營百貨公司是周長約五百公尺的長方形建築，上下兩層，也就是說，光是要把所有店鋪巡上一遍就要走上超過一公里，萬一忘了什麼要回頭買，偏偏記錯店鋪位置，這可就有得走了。跟大部分蘇聯公共建築有同樣的毛病：沒地方歇腳，以及廁所又少又難找。不過因為賣的日常生活用品較多，一般人光顧的機會比較大。

　　至於私營百貨，有一家在形式與商品上，都很接近台灣的中型百貨公司；另外一家比較特別，面對聶夫斯基大道的入口，只有一道不太起眼的旋轉門，用一塊小小銅牌標示著店名，走進去則別有洞天。長長的走廊望不到底，沿著兩邊是一家家的精品店，聖彼得堡市最高級與奢華、以進口貨為主的商品，十有八九都集中在這裡了。雖然對各名牌的價格實在沒什麼概念，不過聽到同行的女性同胞不時發出的驚叫聲，大概可以推斷，同樣的東西還是比台灣便宜上許多。此外，

不管公營或私營的百貨，女店員漂亮的居多，態度也很親切，因此女士在瘋狂翻閱價碼牌的時候，男士在旁邊倒也不愁沒東西看，很好打發時間。

逛小店

聖彼得堡臨街的建築，常採用半地下室的形式，窗戶與地面平齊，用石階與人行道相接。只是如此設計，店裡面賣的是什麼膏藥，從外頭常看不清楚。招牌也都是小小的一方嵌在門旁，有看沒有懂，跑錯店的事層出不窮。有次想找書店，走進去一看，小小的房間裡堆滿了墓碑，只好一聲不響地轉身走人，若等到老闆開口，那可就糗大了。

在半個地下室之上，一層半高的臨街店面，起碼有個半大不小的櫥窗可看，多半佈置得樸素而雅致。有的店家會在自家櫥窗裡，掛上小小的霓虹招牌，但大體上，都沒有突出在建築物之外的招牌，因此保存了建築物的盎然古意。如果在二、三樓還有店鋪，通常要走進一樓的門廊裡才知道了。在這裡，連麥當勞也收斂了不少，黃色的大M也不像在別的地方那樣，大剌剌的刺眼。這樣的市景在夜幕降臨之後，即便是最繁華的聶夫斯基大道，都顯得有些許幽暗。但白天走在街上，就頗覺舒暢自在。仰頭的天空顯得寬廣，藍天之下的行人，腳步也會為之舒緩多了。

絕大部分的俄國人行道就是這樣：寬敞、平坦，林蔭綿延不斷，兩旁小小的櫥窗與招牌，使得你必須用心去觀看、不厭其煩去探詢，

才不至於錯過有趣或典雅的小店鋪。在俄國街頭漫步的樂趣，正是來自於商店與行人之間這種微妙的默契。希望有一天台灣的店家也可以體會到：真正的好店能否存續，並不取決於一塊招牌的有無和大小，行人應該獲得尊重，該擁有信步而行的空間，與仰望天空的權利。

在商店裡買東西，放在櫥櫃裡的貨品，可以請店員拿出來給你看，不過開放架上面放置的東西，也不能直接拿去結帳。如果看到要買的東西，就告訴店員要哪一樣，他會用一張紙條寫下貨品代號。拿這張紙條去收銀機先結了帳，收銀處會給你一張列印出來的收據。接著再拿去給原來的店員，對方就會把貨品給你，順便把收據撕開一條縫，表示銀貨兩訖。這手續稍嫌囉唆，不過也許在金錢出入上，比較好管理。幫忙找貨的店員，服務態度都甚佳，不厭其煩地把櫥櫃中的產品拿給顧客比較，因此在聖彼得堡各處的消費經驗，大體愉快，像這種交易手續的遲延是可以容忍的。由此可看出，起碼在服務業的態度上，俄國已經逐漸脫離了共產遺風。

逛書店

俄國人的閱讀風氣很盛，無論是在公車上、或是戶外公園等地，各式各樣的人，常常都會帶著一本書，或其他報刊雜誌。熱中於填字遊戲的人數看來不少，幾乎看到的每份報紙都會附有填字遊戲。

有時會猜想，俄國人的閱讀習慣，跟蘇聯時期的排隊風氣，不知有沒有關係？有一次去買車票，電腦忽然故障了，售票小姐說這是跟中央主機連線的，除了等待修復之外別無他法。排隊的人群一開始有

些躁動，知道是電腦當機後，大家就很認命地各自從手提包或口袋裡掏出書報來看，這樣安安靜靜過了快廿分鐘，電腦恢復運作了，購票隊伍繼續移動，好像中間不曾中斷過一般。

在閱讀Chris Ward的《Stalin's Russia》時，看到作者對蘇聯文化的一段感想，覺得頗有參考價值的：1980年代，作者在列寧格勒（即聖彼得堡）火車站等待會車的時候，聽到兩個鐵路工人在討論普希金。作者提到，如果同樣在法國的汽車工廠、英國的超級市場及美國的電腦工廠裡，傾聽工人們的談話，我們恐怕少有機會聽到他們談論莫里埃（Moliere）、拜倫（Byron）和惠特曼（Whitman）。

這種優良的文化氣息，在西風東漸下有什麼變化，在短短的時間裡恐怕難下定論，不過俄國的出版業仍舊是很發達的。這裡缺乏大型的連鎖書店和賣場，但店面小小的家庭式書報攤，散佈於城內各處。就連雜貨店及超市，也有賣書的攤子，不過這種地攤書從封面的圖片來看，內容大概是像《隻手摧毀惡魔黨》、《飛車猛探俏嬌娃》、《我和葉爾欽的一段情》之類的言情小說。

至於報攤上賣的八卦小報更是林林總總，無奇不有，例如普丁擴大對車臣的戰事，報紙上便把他加上兩撇鬍子和軍裝，看起來挺像尼古拉二世，暗示他把俄國推向無意義的消耗戰。雜誌也是五花八門、百無禁忌，尺度放得非常寬，「據說」其中色情刊物印得特別精美，內容也……呃，我沒看過，真的！我發誓！我什麼都不知道……。

總之，俄國書籍種類繁多，價格更是便宜。雪面銅板紙，三百頁上下的全彩精裝書冊，價格約台幣八、九百元。美術工藝方面的書籍，在書店裡常佔了一整個專櫃，使人目不暇給。一兩百元就可以買

到精裝的詩集和小說，不論裝訂、印刷或紙質都屬上乘。價格的優勢和品質的精良，對於助長讀書風氣，應該有重大的影響。除了藝術類書籍佔有很明顯的比重外，西洋棋算得上是俄國國粹之一，書店常在明顯的角落擺放西洋棋譜和圖錄等，也反映了西洋棋愛好者在俄國為數甚眾。

不過聖彼得堡市內，俄文書籍還是佔絕大多數，外文書籍除了在大學附設的書局，及聶夫斯基大道旁略有規模的幾家書店之外，在其他地方就很少見了。而英文書又比德法語文來得少，以工具書和教材佔大多數。有時同樣的書出了俄文版及英文版，英文版的價格甚至貴上接近一倍。由於我的俄文實在太差，明知是好書卻也是有看沒有懂，只好多買點畫冊，看看精美印刷的圖片及厚實的紙質，稍稍填補入寶山卻空手而回的悵惘了。

聖彼得堡最大的書店，是在聶夫斯基大道上的「書之家」，店分三層，約略有誠品敦南店的規模。其他的書店，就屬麻雀雖小，五臟俱全的形式了，除了販賣書籍之外，明信片、郵幣、紀念品等林林總總，不一而足。

包括書店在內，聖彼得堡的大部分店鋪，在週六或週日都是關閉的，這和聖彼得堡市民的休閒習慣有關。前面提到過，俄國的城市居民，在週末多半喜歡到鄉間的小小「別墅」（其實只是耕地旁的自建小木屋）做點農事，享受一下戶外生活，因此城內的商店生意就清淡了。俄國城市居民對於「下鄉」頗為熱中，一位朋友的房東，因為買不起市郊的地皮，她的「別墅」位於聖彼得堡東向九百公里處，輾轉搭乘公車要花上三天，所以她只能趁長假時去Long Stay半個月。後來

因為自覺年紀已大，才把那塊地賣掉，但卻又加上一筆積蓄，最後還是另買一塊市郊的小農地頤養天年。

槍店

　　閒逛的時候發現了位於聶夫斯基大道旁的槍店，其實該稱「狩獵用品店」比較恰當。店裡掛著大熊頭、老鷹等標本作為裝飾，店裡擠得滿滿都是人。各種野營用具、獵刀、迷彩衣等琳瑯滿目，但是最吸引人的，自然是老闆背後掛滿整牆的槍枝，大概夠裝備一個連了。聽說在俄國取得槍枝並不難，成年的俄國公民都可購買，價格也非常便宜。照標價來看，一般的單發獵槍甚至八百盧布就買得到，在電影中常見到的AK-47自動步槍不過賣一千五百盧布左右；附帶狙擊鏡的SVD德拉古諾夫狙擊槍，也不過賣三千五百盧布。手槍相對貴得多了，少說都要三千盧布以上，但其實仍是便宜得驚人。

第十八章

俄羅斯跳蚤市場

注意，肥羊來了！！

重頭戲。遊客必到的景點浴血教堂旁，有個跳蚤市場，不過舊貨不多，主要還是以販賣紀念品為大宗。既然擺明做遊客的生意，這裡的小販幾乎都能說流利的英文。講起價來伶牙俐齒，同時促銷手段和花招之多，遠超過聖彼得堡市內任何其他小販，因此能夠勇闖這個「魔域」並且全身而退的遊客，實在夠格申請紅旗勳章[1]了。

雖然我在俄國待的時間也不算長，但畢竟與那些走馬看花的遊客有所不同，在掌握了討價還價的竅門後，看到那些任人宰割的觀光客，內心似乎有種早已經「在地化」的自我錯覺。眼巴巴看那些不懂講價的傢伙，因為趕時間，愣頭愣腦的照攤販的開價付錢，或是盡往專坑外國觀光客的店裡猛鑽，心底就感到一絲絲邪惡的快感。

1　蘇聯軍人最高榮譽，褒揚在戰場上無與倫比的傑出表現和至高勇氣。

127

第一次參觀跳蚤市場，的確被小販們「吸血」的勁道與效率給嚇了一大跳。當天身上並沒帶多少錢，只是想看看有賣哪些東西。開頭也不過隨意翻揀，缺了幾顆牙的攤主向我們一行人套話：「中國人？日本人？」都不是……喔，原來是台灣人。打算買什麼？大家想隨口回答也沒關係吧。等到摸清楚來客斤兩之後，整個市場的攤販，就像見了血的跳蚤般蜂擁而上。

　　還沒逛完第一攤，相關的「遊客資訊」已經傳遍整個市場了。某位同伴對郵票多看了兩眼，另一個翻了翻架上陳列的軍服，接著走到下一攤才剛開始，只見那老闆把軍用大衣及軍帽等貨色提到我們眼前，緊接著全市場能夠賣的中國郵票通通都湊過來了。有個老頭把集郵冊打開，用頗標準的中文說：「滿州國！滿州國！」乖乖，整本收藏的都是中國政府在抗戰前後發行的郵票，除了大量的滿州國郵票之外，還有冀東政府[2]之類的產品，其中有張郵票，上面蓋的郵戳還是四川自貢市的。可能是對方推斷，凡是跟中國有關的，我們這批人大概都會有興趣，於是只要是印有中文或有中國風味的東西，都在我們面前亂舞，連天知道打哪來的上海市「申報」都被挖出來。在這波促銷浪潮中，我們亦步亦趨、且戰且走，最後奇蹟似的竟然什麼都沒買。同行的男子堅持說，有個漂亮女老闆對他拋媚眼，企圖色誘他。如此說來，還好是一群人同行，不然這位老兄，搞不好要落得人財兩失了。

　　這些攤販「求財若渴」，對於各種貨幣也可以說是來者不拒。在

2　即部編版國中歷史課本上所提：由「漢奸」殷汝耕所組成的「冀東『偽』組織」

一個攤子上，老闆叫我們慢慢看，隨即補上一句：「隨你高興，盧布美金英鎊歐元旅行支票信用卡我都收。」（後面這句話，他真的是一口氣說完的），我雖然明白對方歡迎所有的強勢貨幣，不過看到他的所有行當，不過就是一只手提箱，不知道他打算怎麼收信用卡？說到信用卡，出國前辦了一張備用，結果一次也沒刷到。在俄國，售價便宜的小店不收信用卡，肯收信用卡的店價格鐵定不便宜。

不過俄國人也有不要錢的時候，哪種錢不要？「骯髒錢」不要。這種髒錢和恐嚇詐欺、勒索販毒以及逼良為娼都沒關係。美鈔在俄國境內受歡迎的程度，為所有貨幣之冠，偽鈔因此大為橫行，俄國人對於收受美鈔，也就特別挑剔。不但污損、缺角、泡過水的不收，有時只是鈔票折痕過多，或者看起來不夠新，對方便拒收。朋友有一張十元美鈔，舊舊髒髒的，怎麼也脫不了手。拿來買東西也好，趁換錢的時候意圖矇混也好，總是被眼尖的俄國人挑出來退還。我回國的時候，用張新鈔跟他換了，想在過境荷蘭時用掉，轉個念頭留下來做紀念，讓它靜靜躺在書桌抽屜裡。

採購指南

一般說來，遊客必買，最具有俄國特色的紀念產品，大致上是三種：俄羅斯娃娃、琥珀製品、水晶鏤刻。俄羅斯娃娃是在大娃娃內，又有小娃娃，小娃娃內，又有更小的⋯⋯一般賣的至少有5個，最多的我曾看過35個，一整排排起來甚是壯觀。這東西絕對是手繪的，只是精粗的差異甚大，價格就為之起起落落了。挑選上也沒什麼訣竅，

重要的是圖案自己喜不喜歡，要再講究些，可以打開來看娃娃內部木質部分，加工均不均勻。同類產品很多，講價的空間很大，台幣四、五百塊錢便可買到不錯的了。

　　琥珀製品就要特別小心了，因為其本質是樹脂，很容易用塑膠等材料仿製。在博物館、百貨公司及珠寶店賣的，比較不會假，在跳蚤市場，就要自求多福了。通常天然製品，成色多少有些不均勻，形狀也難達到完美。最可靠的方法，據說是用打火機稍微燒烤一下，真品只會稍微成融化狀態，冷卻後恢復原狀，塑膠製品則理所當然會徹底完蛋。不過說歸說，如果在跳蚤市場裡，誰膽敢提議要燒燒看對方的產品，大概浴血教堂旁又要增加一宗浴血事件了。

　　看過《侏儸紀公園》之後，總想若能買到一顆裡頭有隻蚊子的琥珀，一定很棒。不過以行情來看，內含昆蟲及完整植物葉片的琥珀是高價品，越完整的越上等。至於供一般遊客逛逛看看的地方，能找到內含些草渣的就不錯了。最貼近我夢想的一次，是裡頭包了一隻螞蟻。不過就算以螞蟻的身高標準來看，它也稍嫌迷你了一點。後來到了莫斯科的跳蚤市場，還是繼續找，問老闆有沒有內含「動物」的。對方拿出一把，乖乖隆的咚，好大一顆，裡面包的都是小隻的壁虎，琥珀很忠實地保留他們當年慘遭橫禍的怨恨表情，真是讓我汗毛直豎。

　　水晶鏤刻是在整塊玻璃裡面，不知用什麼方法，將玻璃內的某點，變成不透明的白點（有說是用雷射光），用這些點構成立體的圖案，例如教堂，甚至世界地圖。成品小的像鑰匙墜子，大到一整塊玻璃磚的都有。這在台灣也不是很稀奇的東西，但是俄國當地的製品，

算得上價廉物美。挑這東西就是看圖案喜不喜歡就是了；不過玻璃的
份量可是足斤再加十兩，大的雖然好看，但可就重得不得了。

破價式

　　經過上回被小販「夾道歡迎」的恐怖經驗，我們一行又再度探
訪那個跳蚤市場，為了一雪上次挾尾脫逃的恥辱，這回我們帶足鈔票
及計算機，可是真正打算去市場裡雪恥兼血拼。不過這次倒是賓主盡
歡，人人滿意。

　　後來我們又光顧了好幾次，總結自己的殺價經驗：首先，不建議
用俄文來殺價（除非俄文真的很棒），最好是用英文和他們喊價。俄
國開放以後，當地人對西方的憧憬大為增加，而同樣是外語，會說英
語的人比較受優待，因此建議大可以當作自己完全不會講俄語，開頭
就用英語和他們打交道，對方自然會配合你，這有助於在語言上先取
得主動的地位[3]。這中間待遇差別是頗大的。曾有俄文流利的同伴發
現，同樣的攤子及商品，和老闆講俄文，對方就一毛也不讓。也許對
方因此判斷，他們是大陸來的移民，不會多買。不肯給他們薄利多銷
的「促銷價」。

　　再來是看貨，首先要明白，這裡每個攤子的商品，同質性很高，
少有什麼東西是只有某攤才有得賣的。因此看到中意的，可以拿起
來看看，但不要仔細檢查，也不要問價錢（各攤開價幾乎都是一樣

3　這只適用於跳蚤市場殺價，基於尊重當地人的立場，其他場合建議還是盡可能講俄語為佳，前面提過
　俄國人對爛俄語的容忍度很高。

的）。老闆來招呼時，告訴他只是看看而已。總之，不要第一眼看到的東西就講價，起碼要讓老闆看到，你走過他的攤子一次，讓他知道，你曉得不是非在他這兒買不可。此外也是讓對方明白，你雖然是遊客（本地人哪有興趣買這些），但是並不像那些坐遊覽車來的一樣，趕著買東西走人，老子有的是時間和耐心跟你耗著。

　　建議起碼整個繞上兩圈，對自己要買什麼，以及那個老闆比較順眼，有了概念之後，再進入講價步驟。如果同時有兩人以上，想買在這攤子上的東西，最好是只有一人出面，原因後詳。到了攤子上，不要一下就拿起你要的東西，先看一看，附近的東西都拿起來摸摸。先拿起一個類似的問多少錢，對方報價之後，再拿起你要的「順便」問一下。通常對方報價都會用美金，這時就問他盧布要多少。建議你用盧布交易，因為少一美金等於少了盧布二十五元左右，用盧布做詢價單位，等於拉高彈性增加議價空間。

　　對方開價之後，先掂掂自己的良心，再估算自己臉皮的厚度，然後還價。如果你像我這麼善良又臉皮薄的話，建議把開價攔腰砍斷，或者減掉兩百到三百盧布（約十美金）。前面提到，這些俄國商人是「拼了命佔便宜，寧願死不吃虧[4]」，所以不管是多麼不可思議的低價，你都可以盡量開口。如果還價沒有賺頭，俄國人雖不至於往你臉上吐口水，但是絕對連理都懶得理你。只要他肯繼續跟你磨菇下去，就表示你的開價，他還是有些賺頭。不過首次還價，就是你的價格底限了，因為你已經讓對方明白，你起碼肯出這麼多來買，所以你只能

4　典出古龍《絕代雙驕》

堅持要這個價錢，或者意思意思的往上加價了。由此可知，如果能準確發出還價第一擊，就佔了八成贏面。

如果打算只買這一件就打住，在得手之後，就可以死守這個底價，準備應付老闆的反攻。對方會先告訴你他上有八十歲的老娘，下有老婆和半打兒女嗷嗷待哺，冬天快到了，他家水電皆絕，就靠這筆錢救命；要不然就是跟你說這產品是他窮十年心血才完成的曠世傑作。雖然在茫茫紅塵中，終於遇到知音是可喜的事情，不過，請你同情他的奇才被埋沒了那麼久，多少再加一點吧？如果你這時突然只懂得中文了，並且把計算機收回口袋裡，老闆也只好可憐你身在異鄉，言語不通，嘆口氣成交了。

如果打算乘勝追擊，多買幾樣，不妨稍稍讓步，以一次二十五到三十盧布左右逐漸加價個一兩次，老闆看你肯加價，也不會輕易就範，企圖把你的還價拉高一點。這時再拿起另一樣你也想要的貨品，開個低得離譜的價格，告訴對方說，如果他肯接受的話，你就連這個一起買。接著再拉拉你的同伴，告訴老闆說，如果他肯讓步，「我朋友說不定也會買個幾樣」。

老闆這時多半眼眶含淚，顫抖著問你難道沒有良心嗎？為了表示你的良知其實尚未泯滅，把你要買的全部東西，總價加上一成或一百或者一百五十盧布左右，然後跟對方說不買拉倒，接著把手插到口袋裡，作勢轉身離開。老闆這時定然挽住你的臂彎，說你一定是魔鬼轉世、職業騙徒，碰到你算他倒楣，然後把貨塞進你手裡。這時便可付錢，如果對方說要換個新的給你，防人之心不可無，檢查一下再收下。老闆會微笑著送你離開，歡迎你下次再來「剝削」他的「剩餘價

值」。

　　說實在的，這種把戲真的很好玩，只要玩一次就會上癮。出國以前總覺得，男子漢大丈夫，大不了太貴了就不買，討價還價多麼不乾脆。到了俄國物價低廉，標價牌擺明是放著好玩的，不對這價錢砍上幾刀，覺得真是對不起自己。再加上老闆們奸詐得可愛，讓你感到，如果不陪他們玩玩，簡直是侮辱對方的智商了。所以這種殺價探戈，照著舞步你進我退，你來我往地跳下去，買賣雙方都樂此不疲，就如孫逸仙博士[5]的主張，總得「人能盡其才」，才可以「貨能暢其流」嘛！

5　在俄國人中知名度最高（也可能是唯一有聽過名字）的中國人以毛澤東為首，其次即為孫逸仙博士，蔣介石先生還進不了排行榜。

第三篇　長日下的眾生

第十九章

眼中的俄國人

在聖彼得堡的遊學生涯，日子大體是這麼過；星期一到四早上，到聖彼得堡大學去上俄文課，中午打發了午餐，便在城市中各處走走。最開始人生地不熟，還得有伴才敢上街。後來交通路線摸熟了，又發現自己的爛俄語足堪應用，也就放了膽獨自去逛。晚上回到宿舍，吃過晚飯，便寫寫日記與明信片。偶爾當地的朋友，會邀我們去他們的住處打打牙祭，聊聊天。週末則呼朋引伴，一起往郊外的風景名勝跑。

這樣一個月裡，便在聖彼得堡的各個角落穿梭著。我這個「契丹人」在俄羅斯的土地上，礙於語言不行，於是多聽少說（聽了也多半不懂），只是睜大了眼睛，看著身邊的形形色色。夏天是俄國一年中最好的時光，在長日的暖暖陽光下，人人都彷彿融化了一般。整個城市的調子都十分舒緩，所有人都不知不覺地，習慣了放慢的樂趣。

俄國人對外邦人，大體上算是友善的。

當你求助的時候，他們都願意指點你，態度也相當有禮而周到，但是也不會主動去做你要求以外的事情。感覺上他們相當重視在人與人之間，保持一個合宜的距離，在人際關係中傾向於被動，以保守個人空間為前提。

也就是説，俄國人頗願意幫陌生人的忙，但前提是得開口要求。此外，提出要求的時候，對方也希望你能知道分際，點到為止，不要得寸進尺。因此，俄國人給人的感覺，多少有些淡漠。聖彼得堡基本上是一個遊客和居民互不干擾的地方。別太期待會有甚麼豔遇，如果沒錢，就不會有萍水相逢的帥哥美女主動跟你搭訕；如果想看到五光十色、領導世界潮流的時尚商店或餐廳，這裡恐怕也會讓你失望；至於熱鬧的街頭表演、奇裝異服目不暇給的猛男辣妹、精彩的夜生活……聖彼得堡大概都不會有太驚人的表現。然而，若只是想短暫脫離繁忙紛亂的既有生活，想去感受現代都市少有的、舒適緩慢又安寧的生活步調，這裡是可以考慮的選擇。

第二十章

俄羅斯女性群像

俄羅斯，或者說斯拉夫美女是世界有名的，不過，這個話題要用什麼尺度來談，還真是煞費思量。太輕描淡寫，有人會懷疑所言不實；太過香豔刺激，那本書就只能放在限制級書區了。

雖然經濟狀況不佳，不過俄國人上街還是很費心打扮，即使對時尚不在行的人也能看出，俄國年輕女郎的打扮都十分入時且充滿生氣與活力。同行的台灣女生也承認自己回去後應該多注意一下門面，不然跟街上的俄國女孩比起來，還真是覺得自己有點土哩。

斯拉夫本是一個很俊美的民族。俄國人在長期和東方民族交流後，整個種族的輪廓和體態，和西歐頗有差別。俄國女人早熟，女孩子在十五、六歲時就已經如花般綻放（不過似乎也比較早老）。令人印象最深刻的是，街上的俄國女郎不但面目姣美，身材也都絕佳，因為腿部修長，漂亮的腿部線條

也就特別讓人難忘。俄國女郎對此項優點也很清楚，上街十之八九不是穿短裙，就是短褲，如果穿長裙的話，也必然開高叉。至於其他的部位，就不是那麼樂於給別人看了，想想這樣也好，不然尺度再開放些，俄國人自己習慣了還好，對外國遊客的心臟，實在是會帶來莫大的威脅。

俄國男人的平均壽命，可能是已開發國家中最低的。或許是因為工作勞苦、生活嚴酷，伏特加又喝了不少，五十幾歲就魂歸西天的大有人在。六十多年前的二次世界大戰，也摧殘了一整代的壯丁。總之，在俄國街上看來，女性遠多於男性，在社會機制的運作上，女性也佔有很重要的地位。從朋友的房東、教師、博物館的管理員、售貨員、售票人員……生活的各層面，都看得到她們的身影。俄國女性也頗能擔負粗重的工作，舉凡油漆、建築、修補路面、駕駛公車與電車等工作，也常見到由女性擔綱。

基本上，年齡歲月在俄國女性身上所帶來的改變是非常明顯的，迷人的俄國年輕女郎，固然自成一格，但中年俄國婦女給人的感覺，卻又是截然不同的。這樣的一群中年婦女，不太願意表現出內心喜怒哀樂的情緒，善意與惡意也很難分辨，默默做自己的工作，那種感覺好像在告訴你，人生就是這樣，除了忍耐又能怎樣呢？其實這並不能算是俄國中年婦女專有的特色，為生活而掙扎的人，偶爾都有這種厭倦的感覺，對於自己處身的一切，無意中總是會露出一絲不經意的冷淡。

但是這些多少令人有點敬畏的中年婦女，當頭上長出了第一根白髮，臉上冷峻的線條也因為脂肪堆積而變圓之後，她們彷彿就變成了

另一種人類。俄國老太太是我接觸過最可愛的一群人，她們自己堅強開朗，對人則和善而熱心，即使是對陌生人也充滿了關懷與同情。

因為陪朋友們去找房子和搬家，有幸和他們的老太太房東接觸。在當地租房子的留學生，都知道所謂的「聖彼得堡老太太互聯網[1]」。由有房子出租的老太太們形成的同盟，除利用無遠弗屆的電話線，東家長西家短之外，也同時傳遞房客情報。老太太們透過喝茶聊天及打牌等地下活動，秘密壟斷了當地的租屋市場。凡是冒犯本聯盟的人，看來將只有露宿聖彼得堡街頭一途了。

「聯盟」裡的老太太就像所有的「秘密組織」一般，有各式的人才。人人都保養有術，精力充沛，有次去看房子，七十幾歲的房東一口氣爬上四層樓，結果比我們搭電梯還快（不過俄國電梯真是比較慢點），最後還臉不紅氣不喘地幫我們「撞（開）門」。

也許是蘇聯時期還蠻注重婦女就業的吧，這些老太太少有純家庭主婦出身的，多半都擔任過教師或各種職員。有位朋友的房東是英文教師，英文說得極棒，她很高興有人能跟她練習英文會話，據說有時候反而會害得房客的俄文退步了。另一位朋友的房東，本人是物理學家，丈夫則是畫家，分配給房客住的房間，窗台上有鮮花不說，牆上還替她掛滿了漂亮的風景畫作，真是極盡典雅之能事。

只要房客不太離譜，這些房東都會熱情待人，所以學生回國之後，還常跟這些老太太保持聯絡。因為這種寄宿家庭的方式，房東基本上，把房客視為自己的家人一般照顧，在台灣你能想像，房東會主

---

1 網址http://www.stp-grandmoms.com

動幫房客洗衣服嗎？

　　有幸到這些老太太家中作客時，她們都是好客而有禮。在大街上迷路找老太太問路，對方一定會不厭其煩地講到你懂為止。在博物館和各個名勝擔任導覽與提供服務的，也多半是這些人。和她們打交道時，她們那種親切的態度，以及彷彿很高興能幫上忙而發出的溫暖微笑，都讓人難忘。也許聖彼得堡實際上沒有那麼好，因為它畢竟是個城市而不是天堂；但只能說，很幸運的，在這裡的一個月裡，我得到的，總是友善的對待，這些形形色色的人，他們的臉孔，雖然隨著時間而模糊，但親切的微笑，卻仍刻在我心上。

第二十一章

軍人與警察

　　相對於以「邪惡」著稱的莫斯科警察，聖彼得堡的警察聲譽，比起來還不至於太差。這幾年俄國被形容成法治不彰，盜賊橫行的混亂地帶，但是聖彼得堡的住宅區，還稱得上安寧。

　　不過入夜後，市中心聶夫斯基大道一帶，仍舊不是「良民」適合久待的地方。俄國的凶神惡煞，也是習慣在天黑後出沒的。雖然未必對遊客有興趣，不過當他們從你身邊無聲無息走過時，還是讓人發毛。

　　自從在證交所差點被拆下骨頭，後來我一直都謹言慎行，避免去觸犯俄羅斯共和國的法律。聖彼得堡街上的警察多半年紀不大，看起來也還算是整潔有朝氣。只是這城市裡，一來沒什麼交通好指揮；二來也沒攤販要趕，路霸要拆；三來也沒車子好拖吊（根本沒有停車格），又沒什麼行人可開罰單（紅綠燈、斑馬線根本沒幾個）。所有在台北街上，警察大人忙著做的事情，這裡的

警察好像都不必做。整天不是看到他們在街上逛來逛去，就是看他們在攤子旁吃冰淇淋和沙威瑪。尤其俄國警察開的警車還是Lada，這玩意搞不好，連冰淇淋車都追不上，「壞人們」可都開全新雙B呢！要不是這些三、四人一組的警察裡，總有一個人背著AKS－74U[1]的衝鋒槍，不然這些俄國司法的象徵，看來真是有點軟弱無力。

聖彼得堡是俄國波羅的海艦隊總部，以及造船廠所在，中共向俄羅斯購買的現代級驅逐艦，就是在這裡建造並交貨的。冬宮旁邊就是海軍總部，隔著聶瓦河，和聖彼得堡大學相對。聖彼得堡大學旁似乎也是某軍事單位，外表沒有任何標示。中午用餐時間，成群的軍官從建築中四散而出，街上彷彿「星光大道」一樣，偶爾在公共廁所裡，都碰得到將軍。除了換了個國徽，俄國軍官的服裝，和紅軍時期並沒有什麼顯著的不同，而紅軍對於軍官的服裝，是頗為講究的。這些軍官的制服都剪裁合身，質料也不錯，看起來頗有威儀。如果有人看過蔣介石視察戰地的照片，他很喜歡穿一種非常寬大的全罩式斗蓬，那叫做高加索大衣，這種服飾，應該是受到俄國軍事顧問的影響。

俄國經濟不景氣，軍隊也深受財政困難與裁軍的衝擊，經常連薪水都發不出來。紅軍軍官在蘇聯時期，算是受到尊敬的階級；而今天的俄國軍人，在社會和經濟地位上，都今非昔比了。紅軍在擊敗白軍以及外國反革命勢力的過程中成長，以消滅了號稱無敵的納粹德軍為傲，接下來的幾十年，則日夜準備和西方世界作戰。

然而蘇聯本身卻在冷戰中失敗了，紅軍也隨著這唯一能與美國抗

1　前蘇聯製，口徑5.45mm，具有可折疊槍托的衝鋒槍。

衡的強權而崩落。從整個世界的角度來説，這種轉變應該是好的。我想，大概吧？

第二十二章

街頭風景

音樂之都

聖彼得堡的街頭藝術形式，幾乎都離不開音樂。俄國人十分熱愛音樂，對音樂家也相當尊敬。在俄國革命之前，聖彼得堡是俄國音樂菁英聚集之地，有名的作曲家蕭士塔高維奇、史特拉汶斯基或知名的演奏家霍洛維茲、小提琴家米爾斯坦等，都曾在此學藝或表演過。聖彼得堡會在知名音樂家和指揮家曾表演或居住過的地方，他們的半身浮雕，標明他們在此居住的時間。

可惜的是到聖彼得堡的八月份，當地的音樂與表演季節已經過了，沒什麼表演可看了，只能翻翻目錄解饞。每一場藝術表演的票價真是便宜到不可置信，等於只是象徵性地收上幾盧布場地費而已。如果沒記錯，在台灣看一場演唱會的票價，夠在聖彼得堡看上一季的節目了。更別提表演者到了俄國境外，都算是頗有份量的演奏家或團體，其中由泰密卡諾夫指揮的聖彼得堡愛樂，應該是

台灣聽眾比較熟悉的。對聖彼得堡的城市居民來説，去看場演奏或舞蹈表演，就像台北人去唱KTV一樣習以為常，所以聽到台灣一場藝文表演，票價動輒千元以上，當地人不免要出於反射動作，去伸手扶住自己的下巴。

回到聖彼得堡街頭，賣藝人多半以樂器表演，最起碼也唱首歌，放錄音帶會讓人看不起的。冬宮廣場靠近陸軍總部門口，總有個老頭子，拿把椅子坐在那兒，手上捧著歌本，在那兒唱各式愛國歌曲。雖然年紀不小了，但中氣十足，聲音在廣場的各處迴盪。雖然唱得有點荒腔走板，不過看在老人家這麼賣力演出的份上，經過的人都會多少給點錢，表示鼓勵之意。聖彼得堡的地下道出入口非常寬大，不採用階梯，而做成平緩的斜坡，也是賣藝者和小販聚集的地區。有次碰到三個老太太組成的和聲團體，三人聲部分工層次分明，兩手置於丹田部位，頗具有職業架勢，駐足傾聽的人倒真是不少。

遊覽勝地夏宮碼頭處，還有穿制服的小樂隊，當遊客接近時，就敲鑼打鼓吹喇叭，弄得熱熱鬧鬧的。從台灣來的人不免會聯想到葬禮上的「西索米」，不過，剛剛踏上岸，一眼望去，筆直的步道末端正是夏宮的黃金噴泉，讓人胸襟舒暢，遊客對演出水準也就不會要求太多。

聶夫斯基大道上「書之家」的旁邊，是個小廣場，人數稍多的表演團體多半聚集在此。有次就碰到當地搭了個低矮的小舞台，開起了演唱會。台上的胖女人唱著俄文流行歌，身後還有和聲團體打著拍子，就像「修女也瘋狂」那樣的場景。台下聚集的觀眾也隨之打拍子，吹口哨，唱到忘我處，主唱及和聲都拿著麥克風走到台下，和

觀眾邊唱邊舞成一片。她那充滿感染力的高亢歌聲，以及群眾展現出的、對俄國人來說是頗為罕見的如火熱情，在在使人印象深刻。

其他音樂表演也變化多端：小提琴、手風琴、口琴、小喇叭、長笛，甚至手搖音樂盒等等，獨奏或搭配的組合層出不窮。這些表演者吸引人的地方，在於他們站上街頭獻藝的時候，他們總是能讓你覺得，他們很努力地想把所帶來的幸福愉悅傳達給一般聽眾。於是此起彼落、形形色色的樂聲，就這樣緩緩融入了這個並不吵雜的城市街頭。

八月某日的下午，獨自走在聶夫斯基大道上，天空有些許白雲，陽光淡淡的若有似無，拂過臉頰的風有點涼意。在街角邂逅了一個爵士樂團，五個老先生或站或坐地演奏著，他們輕輕搖晃著腦袋，用腳尖打著節拍，一點也沒有費力的跡象，而輕快的樂音，就如午後微風般徐徐揚起。他們的樂聲與表情都流露著忘我的歡欣，我佇立在旁，凝聽他們演奏了一曲又一曲，忘記已過了多少時候。遠在天涯的這個街角，剎那間成了個人的音樂廳……。雖然沈浸在這音樂帶來的喜悅與安寧中，但又令人隱隱感到一絲身在異國難言的落寞。

暗影

當「鐵幕」崩毀之後，原本被世人視為強大無匹的蘇聯，一夕崩潰。其中有很大一部份，是西方自己想像的投射。而蘇聯在本身先天不良的情況下，挹注了大量的資源，以維持表面的強大。就如同體質羸弱的人，不思鍛鍊，卻利用注射藥物的方式來急速增加肌肉，最後

這副雄偉的體魄，反而壓斷了自己的脊椎。

　　蘇聯解體後，俄羅斯在重新站起的路上，走得十分辛苦。從政治、經濟，一直到社會，問題叢生。西方媒體曾頗為苛刻地描述俄國是一個「擁有很多核彈的第三世界國家」。從和教授的聊天中得知，以薪水階級來說，即使是收入較高的他們，生活都免不了捉襟見肘；一般人就更是勉強地活在困窘邊緣。盧布不停貶值，物價也相對調漲，對很多機關來說，薪水發得出來已經不錯了，要求調薪幅度趕上物價漲幅，就不用想了。以聖彼得堡市的情況來說，政府在前蘇聯留下的基礎上，還能盡量維持水、電、暖氣、大眾運輸的正常營運與低價供應。但說要從事新的建設，就力有未逮了。至於升斗小民，就只能自求多福了。相較之前俄羅斯帝國及蘇聯的強盛與光輝，更令人對現今的衰落與困窘感到悲哀。在街上看見一些在暗影裡討生活、掙扎的社會邊緣人，帶給人的感慨，便格外地多。

吉普賽人

　　吉普賽人恐怕是所有俄羅斯人當中，生活得最糟的一群了。除了俄國人厭惡，遊客也很難對他們有好感。常有人警告說，要小心吉普賽人偷東西。而最令人反感的，就是他們要錢的態度。不管是大人還是小孩，只要看準目標，便唸唸有詞地伸手硬要。即使擺明了不給，他們還是一直跟著你，甚至上來拉拉扯扯，打定了主意要煩到對方受不了、給點錢打發他們走開為止。要是遇到落單的人，甚至會動手行搶。

這些人總是穿得破爛不堪，甚至有些人連鞋都沒得穿，日子明顯過得很差。可是他們得到的同情心，卻是最少的。只要稍有吉普賽人聚集，連平時懶懶散散的警察，都會主動上前驅散他們。

乞討與募款者

俄國本地的乞討者，與吉普賽人有頗大的不同，平心而論，他們要錢的態度有格調得多了。首先，即使淪落到以乞討為生，但他們還是把自己弄得乾乾淨淨，不至於使人望之卻步。乞討時，多半靜靜地站或坐在角落。和吉普賽人的強索硬要相比，這些在陰影下沈默的乞討者，反而得到更多的同情，這或許就是「謙卑的人更有福」的道理吧。

多半淪落到必須去乞討的人，以老太太居多，少數的就是傷殘退伍軍人了。一九八〇年代，俄國捲入了阿富汗戰爭，這場被稱為「蘇聯的越戰」的戰爭曠日廢時，製造了大量的傷殘軍人，以及相關的社會問題。以俄國政府的現況，少能對他們有什麼照顧。年輕時為國效力，最後卻落得以行乞為生。印象最深的是在聶夫斯基大道上的一個退伍軍人，他被炸斷了雙腿，以輪椅代步。總是穿著整潔的野戰服，鬍子刮得乾乾淨淨，連頭髮都梳得整整齊齊，每次有人給他錢，他便挺起胸膛向對方行標準的軍禮，並大聲致謝。討錢討得像他這麼有勁並敬業的人，可從來沒見過。有時甚至給人一種他很享受這一切的錯覺。

另一種常看到的是為教堂募款的老太太。蘇聯時期，對東正教採

取打壓的態度，有許多的教堂荒廢或被移作他用。如今解禁之後，只有少數的教堂能被修復並恢復使用，政府在這方面，也是有心無力。信徒們便以募款的方式，自行籌措經費來修復教堂。這些老太太常是由一名教士帶領，拉成長長的一列，來到人群聚集的地方，再兩三個人一組分開募款。她們多半手持念珠，捧著貼有聖像與待修教堂照片的募款箱，向路人一一鞠躬。也許是出於信仰的理由，幾乎大家也都願意伸出援手。有一次，有個老太太向我募款，可能她只是突發奇想地試試看罷了，因為我捐了幾盧布時，她的反應是吃了一驚，然後一邊對著我畫了好多個十字，才一邊躬身一邊退開。看來我剛剛獲得了特別加料好幾倍的上帝賜福，只是不知道，這是否足以拯救我這個異教徒的靈魂呢？那就真的只有「天」知道了。

為生活而掙扎

所謂走投無路是什麼滋味？當生活無以為繼，卻不願屈身求人時，要怎麼辦？在街頭看到像這樣的人，為了維持最後一點尊嚴，而被迫上街變賣身邊唯一僅有的時候，憐憫同情之餘，不由得打心底感到悲哀。

在聖彼得堡的路邊攤販，可是有等級之分的。冰淇淋攤販及可口可樂專賣[1]的攤位，有自備冰櫃，算是高檔的。賣勳章與書報的，起碼有個棚架，也算不差。裡頭最糟的是看到一些老太太，她們的貨品往

---

1 這也是俄國街上的特殊攤位，只賣可口可樂一味，分大中小三種容量，價格 9 － 15 盧布，以飲料而言算是高價位。

往只有手上的一塊手織墊巾或披肩，或者是一個小花束，甚至是一本雜誌。因為貨品少到寒愴的地步，更顯得叫賣人的狀況淒慘。她們通常都不叫賣，只是默默站在街邊或地下道出口，帶著微笑，捧著她們僅有的商品，就這麼站上一整天。

某天早上去參觀博物館，瞥見公車站旁的賣花老太太，手裡捧著藍色花朵紮成的小花束，等待著人來買。一整天在聶夫斯基大道上來來去去，總是見到她站在那裡，晚上去中國餐館打了一頓牙祭之後，晚上十點半，天色已經很晚了，她依然站在那裡，彷彿未曾動過一般。那一剎那，真使人感到強烈的悲傷。買下她手上的花束，也許可以使她提早結束一天的辛苦，卻無法改變她的困境。而聶夫斯基大道上，聖彼得堡全市，甚至整個俄國，又有多少人像她這樣，在無以為繼的生活邊緣掙扎，過著收入可能比乞丐還少的生活呢？

那讓人想起賣火柴小女孩的故事，這樣的人，就像賣火柴的小女孩一般，在飄雪的陰暗街角，點燃一根又一根僅有的火柴，靠著一個接一個溫暖的幻象，來忘卻身上的寒冷。最後一根火柴燒盡時，慈愛的奶奶出現，帶著小女孩往天上的星星飛去。這真是一個爛故事，不管小女孩離去時，心裡多麼滿足安寧，最後路人能看到的，終究還是她被白雪覆蓋而凍斃的屍體。我們就像故事中的路人，也許出於冷漠，也許出於無能為力，只能坐視她們一根根劃著了火柴，掙扎著讓一天又一天過去。

或許是在我所見到的現象上，投射了太多的主觀臆測吧？只是，一般人每天在熟悉的地方來來去去，對於周遭的一切，反而逐漸習以為常，最後視而不見。但當身為一個過客的時候，觀感自然也不同。

因為不會長期與這些不幸的人相處，反而覺得能幫上他們，就算是一次也好，希望能藉此稍微平息那種無能為力的感受。

偉大愛國戰爭

　　一九四一年六月二十二日，德國入侵蘇聯。雙方展開拉鋸戰，一直到一九四五年俄軍攻入柏林，希特勒自殺為止。聖彼得堡經過了將近九百天的長期圍困。這場號稱「偉大愛國戰爭」的德蘇戰爭，橫掃整個歐俄，其影響深入俄國各階層。時隔五十多年，戰爭的遺跡與影響，依然隨處可見。

　　其實史達林的統治，未必比希特勒好到哪裡去，甚至德軍入侵的早期，部份地區還出現過當地居民「簞食壺漿以迎王師」的場合，並且向德軍戰車拋擲鮮花，以感謝德軍將他們從共產暴政下解放出來。但是隨後，希特勒視斯拉夫人為劣等人種及奴工的態度，以及將占領區的統治工作，交給以殘暴著稱的黨衛軍，造成了為淵驅魚的效果。另外，蘇聯方面成功地將這場戰爭的宣傳重心，由保衛蘇聯體制轉化為保衛俄羅斯母國的民族存亡戰爭。於是占領區的民心轉而對

蘇聯趨於有利。

　　相對於被納粹短時間內橫掃的歐洲各國而言，蘇聯能單獨抵抗納粹入侵而不倒（當然，也不能排除美國物資援助的因素），畢竟還是了不起的事。蘇聯方面，也因此得以振振有詞地強調，自己在擊敗納粹德國、對於「維護世界和平」上的重大貢獻，以及俄羅斯民族的優秀。所以就如它的官方名稱「偉大愛國戰爭」一般，俄國人都以能參與這場戰爭為傲。

紀念建築

　　當然，這樣驚人的成就，不蓋幾個紀念碑和雕像來炫耀一下，還真說不過去。而且紀念碑要是蓋得不夠大，就不足以表現「偉大」的氣魄。於是，俄國人想到了一個省料又省工的方法，就是把紀念文字鑲在大樓上面，樓頂再豎立幾個人像。就這樣整座大樓，變成現成的紀念碑了。前面提到，由機場進入聖彼得堡時，第一眼就望見的，由廣場和左右兩棟大樓組成的紀念建築，就是代表作。它用力提醒你，該城市在二次大戰中的歷史地位，是永不可磨滅的。

　　芬蘭灣旁，也有一個紀念碑代表作。面對海的地方，是一整排公寓大樓。俄國人將二次大戰時服役的巡洋艦「基洛夫號」，上頭巨

大的兩座砲塔拆下來，裝在平台上，砲管面對芬蘭灣，再將戰艦的兩個螺旋槳分立在平台的兩側，加上背後鑲有紀念文字的大樓，正好合成一個整體。由海邊回頭看，真是壯觀非常。

栩栩如生的雕像

說到蘇聯建築，尤其是赫赫有名的「史達林式建築」，今天已經變成大而無當、或者粗製濫造、缺乏創意等等負面意義的大集合。因為對此了解有限，不多加評論。不過，就個人觀點，起碼覺得蘇聯時期建立的紀念性雕像，都算得上是藝術傑作（至於那些被推倒在地、弄得腦袋瓜滿地滾來滾去的列寧與史達林，還有鐵鎚加鐮刀，就不在討論之列了。而且現在就算想看，也很難看到了）。

這些讚揚奮鬥精神的男女雕像，男的多半穿短袖衣服，衣襟頭幾個扣子不扣上，露出俄國男兒強健的胸肌和粗壯的臂膀；女的則多半留著俐落的短髮，身段健康而勻稱。這些雕像多半呈現出衝鋒中的動態，頭髮迎風飛揚。雖然說共產世界男女平等，大家共同為國奮鬥，不過不管是莫辛・納干特步槍[1]或PPSh M1941衝鋒槍[2]，多半還是男人來拿，女人家跟在旁邊搖旗吶喊就好了。如果不嫌擠的話，就加上拿鐮刀和拿鐵鎚的左右護法，標準的蘇聯紀念雕像就完成了。

不是不給自己人面子，跟俄國人比，中國人在塑造偶像的層次上，實在差了老大一截。不管是國父蔣公、鳥生魚湯[3]、孔孟關公、媽

1　蘇聯在二次大戰中的制式步槍，採用7.62釐米子彈。
2　蘇聯在大戰中大量配發的衝鋒槍，採用鼓型彈匣，又稱為「大盤槍」，幾乎成為蘇聯士兵的同義詞。
3　即「堯舜禹湯」是也。

祖觀音，不論是坐像或立像，表情與手勢都千篇一律。在俄國，就連曾經像電線桿一樣、插得滿地都是的列寧塑像，也都各有不同。即使是比較常見的式樣，好歹也把大衣的前襟微微敞開，讓列寧他老人家昂然挺立，大衣的下擺隨風飛揚。臉龐微側，睿智的眼光凝望遠方，好一副「吳帶當風」的神采（列寧也沒有多少頭髮，可以做成飛揚的樣子）。又如聖彼得堡消防隊前面的消防員塑像，救火員努力和纏在身上的消防水管奮鬥著，讓人想起「勞孔」的雕像[4]。但是話又說回來，把救火員塑造成這樣，動感是有了，卻不免會讓人對他們的救火技術，產生懷疑。。

像中國人這麼擅長「造神運動」的民族，之所以會在此略遜俄國人一籌，或許是因為早期中國皇帝形象是不能隨便流傳的，而臣下也不能直視皇上的「龍顏」。因為缺乏創作的基礎，在形象上，能變出的花樣也就有限了，更別提像「史達林氣球[5]」這麼有創意的崇拜點子。這樣的屈辱，大概到了「偉大紅太陽」的上台之後才洗刷乾淨。

英雄

「英雄」這個詞，在前蘇聯代表一種身份。從工業、學術到農業等各領域有傑出表現的人，都有可能得到「英雄」的稱號。在國家政策鼓勵「增產報國」的時候，甚至生了十個以上小孩的婦女，都可以得到「英雄母親」的稱號。不過比較通俗的用法，還是拿來稱呼得過

4　有名的雕塑，故事取材自希臘神話「伊利亞德」，特洛伊城的祭司父子三個人和一堆海蛇纏成一團。
5　可參考「烈日灼身」。

勳章的退伍軍人,而其中又以二次大戰的老兵居多[6]。

　　事隔數十年,即使當年參軍時是個十多歲的毛頭小子,今天也都垂垂老矣了。不過也許是經過戰爭的熬練,這批人的生命力看起來都甚為強韌。在街上看到他們的機會不少,多半還是步履輕捷,腰桿挺直,不失軍人的氣魄。要辨認戰爭英雄很是容易,這些老人不管穿什麼樣的服裝,總是會把他們的勳章,別在最外面衣服的左胸上。老先生們對待自己的勳章,總是小心翼翼,有次看到一位老兵在趕公車,他一邊拼命跑,卻還是沒忘記用右手按住自己左胸的勳章,免得因晃盪而遺失了。

　　乍看他們如此寶貝這玩意,實在很有趣。但仔細想想,這小小的勳章,代表的是他垂暮之年僅剩的光輝,證明了他曾經年輕昂揚過。歷經戰火的洗禮,他的勇氣與戰技,終究得到了國家甚至命運之神的肯定(畢竟許多具有同樣勇氣的人,還是死了,而他活下來了),這一切都是彌足珍貴的。

　　俄國政府對戰爭英雄,相當禮遇與優待。具有英雄身份的老兵,除了搭各種大眾運輸工具免費之外,似乎還有津貼之類的各種福利。但最重要的是,俄國大眾在精神與態度上,都對戰爭英雄懷抱高度的尊敬。這種氣氛雖無形,卻不難察覺,因此這些老兵在人群中,常顯露出一種特別的從容自在。雖不知他們實際生活過得如何,但一個人在這樣的年紀,能夠悠遊在尊敬自己的人群中,真是一種福氣。

　　相對於大眾的敬意,戰爭英雄也總是表現出高度的自重。曾經遇

6　雖然戰爭英雄仍以男性居大多數,但還是有少數的女性,蘇聯女性在大戰期間投入前線戰鬥的比例遠比他國為高。

到的幾個都是舉止有禮，講起話來也客氣斯文，沒有任何耍弄特權的氣息。有次在公車上，就碰到有趣的場景：有位老兵中途上了車，一個年輕人要讓位給他，他只是笑笑搖頭，年輕人還是起身要讓給他，老先生很堅決不願接受，雙方因此相持不下。在第三次對方打算起身時，老先生採取行動，伸手搭住對方的雙肩，接著用力把他按回座位去，年輕人也只好屈服於老先生的英雄氣概之下了。當時環視車內，人人都為此會心一笑。

倖存者

絕大部分的俄國人，都經歷過蘇聯時期。而蘇聯史上的兩大浩劫，一個是第二次世界大戰時的德國入侵（日本也入侵過，不過卻被打得很慘[7]），一個是史達林的恐怖統治（現在也有說法，把恐怖統治時期往前推，到列寧執政時便已開始[8]）。兩者都造成數以百千萬的傷亡，這在前面也已經提及。

德蘇戰爭即使有「偉大愛國」的包裝，並不能掩蓋軍民遭受嚴重死傷的事實。相對於在歐陸所向無敵的德國軍隊，蘇聯在素質上的差距，必須用極大的量去彌補。因此德蘇戰爭，變成了連希特勒本人都稱之為「絞肉機」的血肉漩渦。絕大部分的俄國士兵，都只是受過短暫訓練的農民或工人，國家給他們一把步槍和衝鋒槍，就送他們上了

7　此戰稱為「諾蒙罕戰役」，日本關東軍遭遇當時由朱可夫所率領的蘇聯及蒙古聯合部隊，以慘敗收場。因此役造成1941年「日蘇中立條約」的簽署。

8　以往的蘇聯歷史解釋，傾向於強調列寧建立國家的睿智與果決，將革命帶來的負面後果都推給史達林負責，但近年新的研究，卻賦予列寧不同以往的形象，認為他其實也是幾忍陰狠的。

戰場。至於彈藥口糧，多半就發十天份，以後就自己想辦法了。實際上，也很少有部隊能活過十天、再去領下一次的補給。總之，將近一整世代的蘇聯青年就在前線給絞碎了，其他還有難以數計的平民，被迫遷移流離。農工業成果遭摧毀，加上德蘇雙方在拉鋸之間，都互採焦土政策，從莫斯科到柏林之間，幾乎荒蕪一片。蘇聯在遭受這種恐怖打擊之後，還能起而與美國相抗衡，並在短時間內研發出核彈，實在可視為一種奇蹟，但仔細想想，也許該視為一種悲劇。

不過，俄國人在這場戰爭中，畢竟屬於勝利的，或者更進一步說──「正義」的一方，不管付出多麼慘烈的代價，戰爭中勝利的一方，總是能獨佔所有的榮耀。因此俄國官民對於「偉大愛國戰爭」的口徑，基本上是一致的，對戰爭英雄的崇敬、對戰爭經歷的津津樂道，是很常見的。而對於史達林的恐怖統治[9]，或者說整個蘇聯時代的極權統治，官方以及大部分人的反應，則是緘默以對。

要對抗入侵的敵人容易，但當國家權力就是加害者時，人民要如何面對？由最近解密的東德檔案為例，這個國家有20萬以上的國民，或多或少曾為東德國安部擔任過線民。沈默的大眾本身被監視著，也監視著別人。因此，他們算是受害者，還是幫兇？即便沒有牽涉進去，旁觀並緘默的人，難道沒有道義上的責任？如果認為他們應該秉持良心來反抗，是不是太過苛求？也許大部分的人，寧可根本不知道親人、妻子、朋友或同事，曾經去國安部告發過自己[10]？對多少經歷

9　不要忽視史達林的統治時間，橫跨了二次世界大戰前後的年月。雖然戰間期他在極權統治上做了某些讓步，戰爭結束不久，便發生新的一波清洗。

10　可以參看：提摩西・賈頓艾許《檔案羅密歐》，台北，時報出版社，2000。

過這些的現存者而言，要面對如此過往，必定是不容易的。

　　就台灣的經驗來看，改革開放，從萌芽到開花結果需要一段時間，不是今天極權政府垮了、明早起床打開窗戶便全是自由的味道、所有的不正義與不公平就全部消失。其實我們不應忘記，蘇聯解體其實才是不久前的事呢，KGB也不過是換了名字，並不代表國家對人民的監控已經消失。自由之樹需要灌溉，需要時間生長，而台灣自己的這一棵，也還是長得歪歪扭扭的。

　　有人認為，俄國人先受到沙皇的專制統治，後來又被前蘇聯的極權所壓迫，俄國老百姓早已習慣做個順民了，對於受苦也習慣了，這種說法能成立嗎？就我的觀察，俄國人對於苦難，的確有很大的忍耐力。但並不是因為習於受苦，而是他們認為，一旦忍耐過痛苦，回顧受苦的經驗，就變成一種光榮。這就是「英雄」之所以被推崇的原因。從消極點的方向來看，俄國史上的苦難實在太多，即使沒有戰爭，沙皇統治下的農民，仍然在凍餓邊緣掙扎。蘇聯時期的重工輕農，也導致了農民及少數民族的游離，太多人因為政府的輕忽而無聲死去。如果把焦點放在這無垠的受害者之海，恐怕是一個無底的深淵吧？俄羅斯宗教信仰中，對自我犧牲者賦予高度的崇敬，將他們的地位提升到「聖人」的階層，或許這代表的是，俄國人希望追隨這種精神，能在黑暗中不放棄追尋光亮。或許也是基於這樣的信念，俄國人才能克服橫逆，在一次又一次的毀滅後又站起來。

感觸

回到台灣這邊，雖然不太想提到政治，前面提到的蘇聯歷史兩大浩劫，讓人聯想到近年來，因為本土意識的抬頭加上政治的開放，政客不斷向民眾強調不能忘記的「台灣人的悲哀」──高壓政治的迫害與台灣不斷被「外來政權」入侵並統治的悲情命運。

身為在70年代末期出生的一群，對這些訴求的感受，並不強烈。當然，今天我們必須感謝前人爭取自由的勇氣，使如今的每個人都能暢所欲言，並坦然回顧不堪的過往。受害者的冤屈必須昭雪，他們的痛苦必須被補償，並追究加害者的責任，這些都是該做的事情。只是從俄國人的例子來看，要求受害者忘卻曾經遭受的痛苦，實在不近人情，但是也許我們該做的是轉換眼光，去肯定、並尊敬他們的勇氣，這樣才能把他們受到的苦難加以昇華。

和俄國人相比，台灣人民不但本質上有著相同的善良，在尋求報復這點上，其實已經是更為寬容了，這總是好的。而在克服逆境與災禍上，更是同樣韌性驚人。重點是，我們要用什麼角度，去看自己過往的歷史？

如果整個民族，一直沈溺在受害者的氛圍裡，一昧尋求別人的憐憫時，我們的自尊在哪裡？一旦習於當個受害者的時候，便會養成只能由下往上看的習慣，這無疑會侷限了自己。當本身太過於強調受害的無助時，其實也抹煞了自己的勇氣。會讓人弄不清，到底今天的成就是自己爭來的，還是他人的憐憫施捨？在熬過橫逆的今天，為什麼不相信自己任何阻礙都能克服呢？當國家元首對別人侃侃而談自己「身為台灣人的悲哀」時，其實那亦是整個國家民族的悲哀。而實際

與此無關的人，還要去鼓動這一情緒，以求火中取栗，那就更可議了。

　　絕大部分的無辜受害者，也許曾哀嘆自己的命運不濟，但並未隨著加害的罪惡體制而沈淪，那就表示，他們有值得我們讚許的勇氣。至於應該憐憫他們的無辜，還是崇敬他們的勇氣？兩者雖非絕對不相容，但是仍有何者為先的問題，直接影響到要如何回顧自己的歷史，也反映了要如何看待自己。若是一直強調被害者的悲哀，其實就是自居於弱者，現實世界裡，弱者未必能得到憐憫，但絕對得不到尊敬。這種說法，也許會被視為違反現今的「政治正確」，也許被認為不知民間疾苦。不過，畢竟，我是這麼想的。

第四篇　莫斯科一日遊

第二十四章

開往莫斯科的東方列車

人間地獄莫斯科？

雖然在聖彼得堡過得很愜意。不過花了好大的工夫來到俄國，不到莫斯科去一趟總是有些遺憾。莫斯科是俄國政治與經濟的重心，雖然民生物價較高，但較優渥的外幣兌換匯率，以及琳瑯滿目的高級紀念品，也成為吸引我前往的一大誘因。

不過，在收集行前資訊聽到的消息，可真是叫人心裡發毛：莫斯科的店員服務態度向來不佳，市民對外國人不友善，扒手多到俄國人自己都會頭痛，除了專打非俄羅斯人主意的新納粹光頭黨，可能還會碰到車臣恐怖份子、俄羅斯黑手黨和金光黨……那麼人民保母，親愛的警察先生在幹什麼呢？小心了，莫斯科警察才是萬惡之源（生平第一次聽人用「邪惡」來形容警察組織的），莫斯科警察最喜歡找落單的外國人下手，查護照兼勒索，如果證件不全齊，被拉到警察局裡面去，除了被「乾洗」之外，說不定還會挨

打。簡而言之，父母把自己養大不容易，沒事幹嘛往死裡鑽？

山不轉路轉，路不轉人轉

　　時間一天一天過去了，遊學即將邁入尾聲，眼看能去莫斯科的機會越來越少，心中也格外焦急。有次和一位學長閒聊，提到種種顧慮，他卻說：「其實莫斯科也沒那麼恐怖啦，小心點，往人多的地方鑽就是了，我自己隻身去了好幾次，還不是連根頭髮都沒掉。」（不過他大概忘了，他說起俄文來，可像江河一般滔滔不絕）。至於旅館問題，只要從聖彼得堡搭夜車，一大早就到了莫斯科，玩上一天之後，再從莫斯科搭火車回來，睡覺問題不就在火車上解決了。那人生地不熟怎麼辦？「那還不簡單，有地圖就行了！！」

　　於是帶著學長的祝福，還有一份貼滿膠帶的莫斯科地圖，我決定來個莫斯科一日遊。生活有許多難以控制的意外，不過船到橋頭自然直，總是會有辦法的。

　　當下定決心打算前進莫斯科時候，事情也隨之有了轉機。總之，在計畫出發的前夕，旅伴找到了，車票也買好了，莫斯科彷彿已在眼前。我的心得是：「要想事事萬無一失，最好就是待在家裡」。萬事起頭難，但只要作了最壞的打算，然後鼓起勇氣去幹，事情往往會比預期來得順利。

　　要是有人照著要領去做，結果仍然不順利怎麼辦？反正到時候，他也脫不了身了，那也用不著擔心有人會來找我算帳了。

往莫斯科的東方列車

俄國民用航空不發達，公路網建構不夠完善，因此在遼闊的俄國大陸上，火車才是交通的主宰。從聖彼得堡可以直達海參崴，甚至中國廣州。俄國鐵路常能勾起人幾許遐想：或者是腦中浮現像《齊瓦哥醫生》中，窗外緩緩流過的無邊俄羅斯大地；或者是載運著核子彈頭、車廂上漆著紅星的飛彈列車，當車頂打開，彈體舉昇到九十度，接著世界末日便隨之降臨。這種和平安寧以及恐怖毀滅的景象互相矛盾，卻又彷彿彼此混合。電影《戰略殺手》（Peace Maker）中，開頭載運核彈的列車，在聖歌聲中駛過大片松林的片段，頗能引為外界對俄國鐵路種種想像的具象化畫面。

因此在俄國搭火車旅行，變成了與日常生活密不可分、卻又不能等閒視之的事情。除了火車站之外，市內各處都有特別設置的售票處。市區內的售票處應該是為了便民吧，但是乘客往往要鑽進某條巷弄，進入某間店鋪，從店後面的太平梯走上二樓才找得到。若沒有高人指點，還真是鬼才找得到。或許讓外人買不到車票，也算是鐵路局給當地居民的額外福利吧？

在俄國買火車票，一定要有護照才行。就算當地人也是一樣，他們的護照，大約等於我們的身分證一樣，如果是外國人，有時還會要求看

簽證。車票之外還附一張座位證，兩者都打上護照號碼及名字。每個車廂都有專屬的服務員，在上車前會仔細核對票號和證件，所以座位是不能隨便頂替的，同時座位證上車後就要回收。至於票價，可真是便宜，車票可分為：座椅、硬臥、軟臥等三級。軟臥算是其中最舒適的；然而聖彼得堡到莫斯科，來回將近兩千公里的里程，也不過數百盧布，比台北搭到高雄的火車票還便宜。

　　「到莫斯科的火車，都由聖彼得堡的『莫斯科火車站』出發。」這話聽起來怪怪的。容我為您說明，「俄國的車站名稱，是以該車站的到達地點命名」，莫斯科火車站乃是是位於聖彼得堡，名為「莫斯科火車站」的車站。跟寒酸的聖彼得堡國際機場相比，火車站可要華麗得多。大理石地板，天花板挑高達十公尺，光線明亮，裝飾富麗，或許火車站才是聖彼得堡的真正門戶吧？穿過廣大的前廳後，進入候車室，除了懸空的巨大看板，標明了以聖彼得堡為起迄站，北達莫曼斯克[1]，西達海參崴、蒙古的車次，另有告示牌顯示，即將到站及開行的火車。這種排場會讓你覺得，在這兒搭火車是十分慎重的事情。候車室旁從銀行、郵電局、餐廳到冰淇淋攤應有盡有，只差沒有辦理旅遊保險的櫃台。候車室裡乘客川流不息，和俄國大部分的公共設施一樣，座位很少。這裡的火車都滿準時的，所以建議不要太早到，不然可要站得腳發麻。還好這次去莫斯科不打算過夜，也沒什麼隨身行李，只帶了好幾個空背包，等著裝戰利品回來。

　　這種大火車站，月台有十幾個，火車緊挨著鐵軌的末端停放。即

1　俄羅斯最北的不凍港，已在北極圈內，重要軍港以及觀賞極光的重要景點。

使載客列車，也動輒二、三十節，從車站這頭看去，大量的車廂並頭而列，數以百計的站務人員和旅客，來回穿梭，異常壯觀。雖然俄國仍使用蒸汽火車頭，但是這條路線卻都採用柴油車頭。否則再加上蒸汽繚繞、氣笛長鳴，就更發人思古幽情了。想來當初德國用專車把列寧一路不停地送回聖彼得堡，他老人家就是在這邊的某個月台上，再次接觸久違的俄國土地吧？

駛過俄羅斯大地

車廂的服務員，仔細核對過護照和車票，便讓人上車了。

車內的情況是這樣的：入口旁是服務員自己的小房間，和其餘四個四人包廂共用一條走道，服務員的門外有一個熱水器，熱開水隨你加，走廊的另一端是共用的洗手間。包廂內部則是兩個上下舖相對，中間靠窗處放了一張桌子。就寢時間之前，大家把下舖的床，當作椅子並排而坐。車廂有統一的開關燈時間，一旦大燈熄掉，除了床頭一盞昏黃的小燈可用，連走廊都只開小燈了。上車不久，服務員就會向乘客再收五盧布，然後送來乾淨的枕頭與被套。

跟我同包廂的是一個中年婦女，一個頭半禿的生意人，還有一個老先生。老先生會講一些英語，燈沒關前，他多半埋首在讀書，我們稍微聊了一下，不過基於俄國人的習性，他並不怎麼想談自己。雖然相談不多，但是和俄國人同起居的經驗，仍是新奇的。一般國內到俄國的旅行團，因為會包下豪華車廂，所以容易成為歹徒覬覦的目標，乘客們不但擔心被偷被搶，甚至連服務生都信不過，弄得緊張兮兮

的。而如同我這般，和俄國人共用包廂的旅客，反而是高枕無憂。

晚上九點開車時，天色尚亮，大家都擠在走廊上看風景。列車離開了城市，鐵路線旁就是一片荒蕪，連一條和鐵路並行的公路都沒有，火車常常要很久才會經過一個小站。夏末的俄國平原，雖然景色、農作物都與台灣截然不同，但是卻散發著一種類似的暖意。偶爾出現的車站，多半也只有一個孤孤單單的水泥月台，附近疏疏落落的幾棟房子，也看不到什麼人跡。等到太陽即將隱沒的同時，火車已經遠離了城市，進入了無邊的歐俄森林區。

除了火車本身的一點光芒，照出鐵路旁密密生長的松林之外，車窗外只有無邊的黑暗，完全沒有人類活動的跡象。天氣微陰，甚至看不到半點星光。數十年前，德國軍隊大致也沿著這條路往莫斯科前進，當時的俄羅斯大地恐怕更為荒涼與黝黯。如果身為一個年輕的德國士兵，在這樣無邊的松林裡，面對如此無光的暗夜，會有什麼感覺？他會為了明天（甚至下一刻就發生）的戰鬥殺伐，感到恐懼還是興奮？還是像我一樣，突然想念起極遠方的家鄉與家人？

十一點左右，大燈全熄了，連走廊都一片昏暗，不想睡的人，還可以繼續在走廊上聊天。因為口渴得很，所以向服務員買了一杯茶來喝。俄國車上可不提供紙杯這種玩意，要嘛自己帶水，不然給服務員十盧布，他會提供一個附有杯架的玻璃杯，和一個立頓茶包（可以要求加糖）。杯子用金屬製成，杯座和提耳連成一體，剛好可以放一個玻璃杯進去，因為有這個裝置就不用直接接觸杯子，喝熱飲特別方便。熱開水隨你沖，杯子下車時放在包廂桌子上就成了。就這樣，人手一杯，個個喝了一肚子水。

　　我當晚的位子是上舖。俄國火車的上舖極窄，而且竟然沒有護欄，不過卻在床位靠牆的地方，裝了一個扶手，這不知道是哪一種安全邏輯？俄國鐵路局是假設緊急煞車的時候，乘客會立刻驚醒，馬上拉住扶手，免得自己從上舖滾落；還是要求睡覺時，會滾來滾去的乘客，要自備手銬，睡前把自己銬在扶手上？不過基本上，俄國的寬軌鐵路，行駛起來甚為平穩，搖晃的頻率輕微而規律，有點睡在吊床上的錯覺，在搖晃裡，很快便沉入睡鄉。

　　五點多，到站前一小時，服務員把大燈打開，敲門把乘客叫醒。當大家排隊等著盥洗的時候，俄羅斯平原上的朝陽，正緩緩升起。不久後，莫斯科市的地標之一、超高的電視塔已經在望。將近七點，到達了莫斯科。車廂服務員甚是周到，站在門口向我們一一道別。車站與地鐵站相連接，可以搭乘地鐵到首站紅場去。莫斯科的城市步調，遠比聖彼得堡來得迅速，週日的清晨，人潮已經在各處迅速流動，我也很快融入了熙熙攘攘的人流中……。

第二十五章

下一站 莫斯科

金碧輝煌的莫斯科地鐵

莫斯科地鐵的路線繁雜以及裝飾富麗，世界有名。莫斯科全市，除了環城的圓形路線之外，另有七條路線與之縱橫交錯，成為完整的放射狀網路。整個系統共有一百五十個車站，每個車站都有其佈置的主題，無一相同。莫斯科地鐵之所以有今天這樣的規模，倒要感謝史達林。

史達林一輩子壞事做盡，不過對於莫斯科市，他倒是做了兩件無法抹煞的好事：在地鐵初架構的時候，史達林決定，一方面要讓它具有社會主義特色，地鐵票價必須低廉並且便於民眾使用；另外一方面，為了展現共產主義的優越性，他要求該地鐵建設在豪華的程度上，要壓倒所有當時的資本主義國家，以呈現蘇聯美術與建築水準的極致。因此莫斯科地鐵，兼顧便利便宜和美觀清潔，即使在今日的世界各城市中，仍是頂尖的。

當日行程匆忙，沒機會好好欣賞每個經

過的車站。其中印象較深刻的幾站：主題是以世界共產領導人的人像馬賽克，在地鐵的柱子上一字排開；也有佈置風格恍若教堂，甚至月台頂端也做成教堂一般的半圓形拱頂，還有天使盤旋飛舞；至於通往跳蚤市場的地鐵站，它的主題便是紀念在「偉大愛國戰爭」中起身抗敵的人民。整個車站採用白色的石材，牆上裝飾著步槍與衝鋒槍、鐵鎚、鐮刀、麥穗等圖案，表示全民奮起。從地鐵上到地面的樓梯間，豎立著高達六公尺的大型塑像，造型就像前面提過的，標準的蘇聯愛國男女塑像。整個車站的風格與顏色，整齊劃一，看得出在設計當時，下了極大心血。據說史達林在對地鐵工程的建設，予以高度的關注，大家在「老大哥」的注視之下，自當全力以赴。

說到清潔，這些夠格稱為藝術的建築物，自然需要高度的維護。莫斯科地鐵以乾淨和絕無塗鴉著稱；地鐵內部的治安，除了警察之外，還有民兵負責維護。這支警衛武力屬於內政部，功能大概介於警察和憲兵之間。和聖彼得堡看似懶散而且人畜無害的同行相比，莫斯科的執法人員要精實得多，火力也強大不少。我想，即使在蘇聯時期，在地鐵裡丟垃圾及噴漆塗鴉，也不至於被槍斃吧；不過有這些手握步槍的人在那兒瞟來瞟去，如果是我，會去找面安全點的牆壁，來發洩藝術創作的熱情[1]。

---

1 不過百密仍有一疏，紅場附近的地下商場，三線地鐵交會處兼購物中心，在2000年年底，發生了死傷慘重的炸彈攻擊事件，之後相似的案件，又有數起。

紅場

　　沒到過莫斯科，就像沒到過俄羅斯；沒到過紅場，就像沒到過莫斯科。紅場不難找，有多條地鐵在這個莫斯科市中心交會。莫斯科地鐵站內可以無限轉乘，從火車站坐上兩三站就到。到這個時候，我才能好好端詳莫斯科的地面建築。

　　莫斯科的城市律動比聖彼得堡快速得多，不過整個城市色調卻偏灰黑。除了幾座老教堂，以及克里姆林宮的附屬建築的色彩炫麗、屋頂發出金色的光芒之外，多半蘇聯時期的建築都是接近水泥一般的顏色，暗沈沈的，不似彼得堡的色調那般溫暖。同時，市內造林似乎也比較稀疏。總之，莫斯科雖然較為現代與繁華，但卻算不上舒適。不過我畢竟在莫斯科待的時間太短，這種評價或許有失公允吧？

　　在莫斯科的時間不多，所以我沒有打算進克里姆林宮的建築群中參觀，只是繞著克里姆林宮的城牆，往紅場方向走去。之前聽多了關於警察的恐怖故事，行走的時候不免「提心吊膽」地四處張望，打算看到警察就遠而避之。經過城牆角時，正好碰到克里姆林宮衛隊換班，這些英挺的軍人，在軍官帶領下正步前進，走到牆角的「永恆之火」前換班。

　　「永恆之火」是個比地面稍高的紀念平台，壇上燃燒的火焰永不熄滅，以紀念在大戰中的陣亡軍民。再繼續走，則是另一個大戰紀念物：騎在馬上的喬治‧康士坦丁諾維奇‧朱可夫（George Konstantinovich Schukov）元帥[2]雕像，因為連臺基實在太高大了，

2　朱可夫元帥，二次大戰期間，史達林以下的蘇聯軍事最高領導者，戰功彪炳，紅軍的象徵。又，原諒我把他全名翻出來，因為我覺得這樣很好玩。

得跑得老遠才能攝得全景。在俄國照相老是碰到這種「建築物太大，取景窗太小」的問題，但是俄羅斯什麼沒有，多的是土地（而且還全是國家的），政府把建築能蓋多大，就蓋多大，誰又管得著？轉個彎，映入眼簾的，便是大家最熟悉的紅場，夾在克里姆林宮和國營百貨公司、以及列寧墳墓和聖巴濟爾教堂之間。至於我對紅場的第一個感想：「媽的咧！怎麼那麼小！！？」

小時候在蘇聯新聞影片中看到的地點，大概就是紅場了。勝利紀念日時，閱兵台會搭建在列寧墓旁，蘇聯共產黨及軍隊的重要官員在上面排開檢閱部隊（西方情報官員，會對這些人所站的位置先後高低做分析，企圖藉此推斷黨內官員的地位升降）。在新聞影片裡，紅場前面一列列的步兵、坦克、裝甲車，尤其是載運彈道飛彈的運輸車輛，總是一輛又一輛，還有無數的群眾隔著閱兵行列與領導人相對，看起來真是壯觀得不得了。所以我總以為在什麼都是超大size的俄國，紅場絕對大到讓人為之摒息，結果竟然只和中正紀念堂前的廣場差不多大小。

從紅場往四周望去，圍住廣場兩面的克里姆林宮，紅色的牆垣和教堂，似乎不曾因外界的歲月風霜、政權更迭而改變，只是在晴空中飄盪的旗幟，變成了俄羅斯國旗，教堂尖頂上的鐵鎚鐮刀國徽，變成了雙頭鷹，在朝陽下閃爍著金光。而曾經在紅場上意氣風發的領導者，或者昂首闊步的戰士，都隨著蘇聯一起消散不復見了。

至於列寧墓，這幾年吵吵嚷嚷的，也搞不清楚他到底是仍放在裡頭，還是入土為安了？總之，看不到有人排隊參觀，我也沒興趣去看個究竟。不管這個蘇聯的創建人到底是仁慈還是殘忍，是睿智還是昏

愚，在靈魂離體而去之後，躺在那裡的，只是一具無法腐爛的屍體而已。

　　和克里姆林宮相對的，是古姆百貨公司（GUM）。這棟建築完全採用玻璃天頂，陽光直接照進來，整體的空間感明亮潔淨。裡頭和一般百貨公司並無二致，商品精美，價格也尚稱平實，店員服務態度，也不像傳聞中那般差。不過因為這裡並不在我們的參觀計畫中，而且主要還是賣流行服飾及西方產品，所以也沒有多待。在餐飲部吃了一頓薄餅包魚子醬當早餐後（味道不錯，值得推薦），得趕快往主要目標跳蚤市場前進。

俄羅斯地標──聖巴濟爾教堂

　　紅場的主要出口處矗立著聖巴濟爾教堂。標準的俄式教堂，可視為莫斯科、甚至整個俄羅斯的地標。洋蔥型尖頂色彩繽紛，讓人聯想起蛋糕上的裝飾。尖頂與藍天相映襯，更顯得可愛而鮮豔，像是童話中才會出現的建築。據說建造這座教堂的沙皇，對這成品滿意至極，所以下令弄瞎設計師的雙眼，以確保世界上再也沒有比它更美麗的建築。（為何許多偉大建築的背後，都有類似的傳說？也許當統治者得到越來越

接近神的無上權力之時，他們的人性也逐漸消失，遵循著相近的理路，不斷發生這些似曾相識的殘忍故事。）

聖巴濟爾教堂處於紅場面對莫斯科河的方向，紅場的入口在其左右分成兩邊。蘇聯遷都莫斯科之後，為了應付政府辦公的需求，以及城市人口的大量增加，拆掉了許多老建築，因此莫斯科市的古老風貌受到頗大摧殘。在這波共產主義快速建設的風潮下，莫斯科市長曾經以阻礙閱兵時坦克進出為理由，提議拆除聖巴濟爾教堂。但這個建議卻被史達林否決，這也就是除了地鐵之外，前面提到，史達林對莫斯科所做的兩件好事之一。

「同志們」

居住在莫斯科的中國人很多，全盛期據說將近有十萬人，今天估計也還有兩萬人以上。或許是星期天的緣故，街上到處都遇得到用中文交談的人。這件事，倒是讓人在問路上，得到極大的方便。到過莫斯科的人警告我們，千萬別在公開場合，打開地圖來查閱，這樣等於昭告天下，自己是肥羊觀光客，當心俄國人當場就湧上來把你撕了。所以看個地圖，不但要找個陰暗無人的角落，還要大家圍在一起，緊張兮兮的遮遮掩掩、交頭接耳，看起來簡直像在做毒品交易。這種情況下看地圖當然就不得要領，找個俄國人問問，結果兩人指出的地點，在地圖上相差120°。

這時迎面來了一群「同志」，上前一問，對方連地鐵該搭哪一線，要坐幾站，都解說得非常詳細。對方問起我們打哪來，我們含含

糊糊地說：「聖彼得堡」。道謝後便分開了，正好聽到其中一人對他的同伴說起：「看起來像是從廣東來的。」很難說明，為什麼詳細寫下這件事，但是在理應語言不通的異國街頭，卻能用熟悉的中文問到路，或許只有身在其中的人，才能體會到那一份欣慰吧？

中俄大對決

從剛提過的，以紀念起身抗敵人民為布置主題的地鐵站出來，走上十分鐘左右，就到了有名的跳蚤市場。這裡以販賣俄國風味的特產、紀念品為主。莫斯科市另一個大型的市集，是在阿爾巴特街，那裡是以賣藝的畫家及街頭表演著名，然而短程旅遊計畫，就無法顧及了。

該市場要收門票五盧布，其基本型態和聖彼得堡的跳蚤市場差不多，不過規模大了十倍不止，產品種類之繁多，也不可同日而語，而且價格也遠為便宜。正逢星期天，到這裡逛逛的人真是不少。俄國人固然多，卻還是聽得到中文的交談聲。

在這裡也可以看到，中國人在莫斯科的商業交易中必然頗有份量，幾乎每個攤販都會用中文向我們吆喝上幾句。裡頭我印象最深的是個賣俄國烤肉串的師傅，他長得滿像勞勃·迪尼諾（Robert de Niro），在我經過的時候會用頗為標準的中文說「牛肉、豬肉、雞肉」、「好好吃的」、「嚐嚐看，不用錢」、「裡面有位置」，配上他那滿有性格的笑臉，還真是有說服力呢！剛烤好的俄式（或者說中東式的）烤肉串，配上醃洋蔥滋味，真的是不錯。不過八十盧布的價

格，可算不上便宜，莫斯科的一般物價，仍比聖彼得堡高上一兩成。

　　不過不管在哪兒，俄國人做生意的熱忱倒是始終如一的。在莫斯科這兒，和攤販之間的遊戲規則，與在聖彼得堡也是如出一轍。同時因為競爭對手較多，可以砍價的空間，更是大得不可思議。一位同伴決定做個實驗，在看上了一樣滿喜歡，但不是非買不可的物品之後，店主出價一千盧布，他廢話不說，直接將價錢砍到三百，對方就此和他展開了將近二十分鐘的廝殺。雖然大致的內容不脫離前面講過的哀求招式，不過如果把店主的說詞和表情全部記錄下來，再配上音樂，大概可以成為一齣名叫「莫斯科的碎心人」或者「悲慘世界——莫斯科版」的大型音樂劇了。唱作之佳會令人想到，俄國人在現代歌劇史上佔有一席之地，說不定是有某些基因優勢存在的。最後店主降價到三百二十盧布，只差沒當眾玩俄羅斯輪盤[3]給你看，發誓價格已經到底了。咱們這位老兄，還是像鐵石心腸的影評人一般拂袖而去，等咱們都走出了快一百公尺了，老闆突然追上來，扣住他的臂彎把他拉回去，三百塊就此成交。這位老兄本來還想乘勝追擊，試探一下俄國人的忍耐極限，還好同行的人趕緊阻止他。要是給一兩千個俄國人圍毆起來，我想大概得改裝在貨車廂裡運回聖彼得堡了。

買到筋疲力盡

　　在跳蚤市場買東西的樂趣在於，只要慢慢挑，常會找到意想不到

3　一種賭博方式，基本玩法是參加者在左輪槍內放入一顆子彈，旋轉彈艙之後瞄準太陽穴扣扳機，重複此步驟到有人中彈身亡為止，其他花樣隨人變化。

的寶物。前面提到，聖彼得堡的英文書籍不多，但在莫斯科的舊書攤上，常可以買到印刷精美、價格便宜的俄版英文精裝書。不過，俄羅斯是世界的主要紙漿生產國，這些精裝書的份量，真是足斤加三，壓得人骨軟筋酸，也許該在特產攤位上，買個雪橇來拖這些玩意兒。

　　至於大宗的俄羅斯娃娃、琥珀和水晶玻璃，也都是量多質精。看到最壯觀的俄羅斯娃娃，多達三十五個一組，一字排開真是炫目至極；雕工精美，從大到小個個連表情都不同，要價一萬四千盧布。還有一種可愛的聖誕老公公，雖然一組只有三個，可是每個都極其可愛，並不拘泥於俄羅斯娃娃既有的圓滾滾的形式，這種花色，更是俄國其他地方所無。

　　當地賣的軍品也是琳瑯滿目，俄國軍隊的各式制服就不用說了，連二次大戰時的古董都有。看到一頂德軍的鋼盔，保存得甚是不錯，連左側的一個子彈洞都清晰可見，不用說，原主一定當場魂歸離恨天了。其他諸如戰鬥機上拆下來的操縱桿、飛行員頭盔、各種口徑的砲彈、子彈殼等，甚至一截坦克履帶，都有人在賣。這種地方，雖然外地軍品迷會看得興致盎然，卻也只能觀望而已。如果買了個挖空的23公釐機關砲彈或一串機關槍彈，放在行李箱裡，通關時可麻煩了。

　　因為一直想找蘇聯國歌，所以留意著賣CD的攤子，想要問擺攤的老太太是否有蘇聯國歌CD，卻不會說俄文的「國歌」。比了半天比不出來，乾脆哼兩句給她聽。結果才起了個頭，在場的五六個老太太立刻恍然大悟，接著便合唱起蘇聯國歌來。想來這歌已經唱過幾千幾萬遍了，簡直是熟極而流，唱起來輕鬆愉快。雙方都為解開了這個啞謎而十分高興，只是看她們唱得這麼起勁，真想問問，身在「帝都」莫

斯科的他們，對於這個已然逝去的紅色王朝，抱持著什麼樣的感情？

最後當然是滿載而歸，人人背包裡因為塞滿了俄羅斯娃娃而喀拉作響，因為沒什麼重量，大家的腳步還算輕快。只有我被精裝書壓得氣喘吁吁，走起路來像是伏爾加河上的船夫[4]。

到了列寧格勒火車站[5]，在車站吃了不太可口的一餐，回聖彼得堡去了。關於對莫斯科的感覺，因為整個行程趕來趕去，而且老實說，採購的目的大於觀光，又有點「起碼到過莫斯科」的交差心態，大部分的景點，都沒能去參觀，也無法真正靜下心來感受一下這個城市，都是些浮光掠影的印象。以此來評斷莫斯科，未免有失公允。起碼我們碰到的莫斯科市民，並不像傳聞中的那樣粗暴無理，對於外國人也頗為熱心客氣。但是商店店員的服務態度，的確有些淡漠，沒有在聖彼得堡的同行那麼周到與親切。

至於鼎鼎大名的莫斯科警察嘛，我並沒那個膽子去試試他們是不是如傳說中那麼邪惡，不過倒是常常看到他們逮住路上單身的非俄羅斯人，在那兒盤查證件。從在紅場和大陸人交涉的經驗來看，我們這一行人，大概看起來也很像在莫斯科滿街走的大陸「同志們」，所以警察就沒什麼興趣多加注意了。總之，一切平安大吉就好。

回程的火車上，向服務員買了杯茶，悠哉悠哉地配著餅乾邊吃邊聊天，或者寫寫在莫斯科買的明信片。長日的溫暖陽光，從窗側緩緩射入，火車平穩而迅速地滑過尚為一片翠綠的俄羅斯平原，讓人覺得

4　列賓的名畫，描寫在伏爾加河上骨瘦如柴，勞苦的拉縴夫。

5　從莫斯科往聖彼得堡方向的火車，都在「列寧格勒火車站」搭乘。聖彼得堡改名許久了，莫斯科這邊仍沿用昔日舊名。

自己彷彿是坐在高級的東方列車裡、飲用著午茶的紳士淑女。中途列車和一列載運戰車的平板車交會而過，雖然只是老式的T54/55戰車，還是夠讓人興奮上一陣子了。累了一天，早早就睡了。當火車緩緩駛入了夜幕，這趟莫斯科之旅，也就隨著駛向聖彼得堡的列車而邁向了尾聲。

第二十六章 我的朋友及其他

我的室友

　　宿舍可住五個人，分成二大三小的兩個隔間，文化的同學們剛好住大的一間，剩下的兩人小間，就被我大搖大擺地佔下來當私人套房了。雖然行李不多，東西還是丟的到處都是。八月底一個星期日午後吧，正在享受下午茶配武俠小説的時刻，新室友突然降臨。我只得匆忙地趕快把他的床位清出來，收拾經過「墮落的資本主義生活」蹂躪的房間，並且很莊重的代表本寢室的「台灣同胞」歡迎他來與我們共住。因為我在他自我介紹時，馬上能唸出他名字裡少有人用的「彧」字，對方似乎頗感到「他鄉遇故知」的欣喜，初見面的印象就是不錯的。

　　這位剛滿十八歲的年輕人，獨自一人從長春坐了七天七夜的火車，穿越了西伯利亞，來到聖彼得堡，打算在這裡唸七年的醫學院。他個子瘦高，説著有時我不太懂的東北口音，談吐舉止自信大方。總之，這位年

輕人，是「偉大人民祖國」所培養的明日之星。

　　晚上他做了頓飯來吃，還請我們幾個室友嚐嚐，手藝真是不錯，比起我們這些只會做俄羅斯濃湯的傢伙，真是天差地別。等到回到寢室裡，這小子和我一樣也是夜貓一隻，也就繼續聊起來了。雖然對於敵國總統「分裂祖國領土」的講話內容非常清楚，不過對於台灣內部的情形卻一無所知（不過起碼知道我們不吃香蕉皮）；又，身為國家重點培養的俄文人才，他對俄國歷史所知甚多，但是卻從來不知道有葉爾欽砲轟國會大樓這類事（想來這不是什麼人民該知道的好事）。由此看來，「那邊」的資訊管制還滿成功的，對於兩岸人民的互相瞭解上，對岸傳遞的台灣印象，還是負面居多。

　　為了台灣好，我覺得有必要好好教育一下這位未來可能的中國國家領導人，讓他知道台灣充斥了像我這樣的「優秀青年」，所以根本沒有回收的必要。不過談了兩小時之後，最後唯一獲得的共識是：兩岸交流還是交給海協會和陸委會處理好了，我們決定換個安全話題──金庸武俠小說。

　　既然說好不談政治了，在我們相處的一個多禮拜裡，反而有不少東西可談。就他所說，由於是國家重點培養的俄文人才之一，高中時唸的，便是專門作為語文培養的「貴族」學校，因此在高二時，就已經到俄國當了一年的交換學生。可以看出這種高級私校教育的影響：他早上起來，便把床單撫平，再把折得方方的被子和枕頭放在床中央（這個臭小子破壞了本寢室既有的髒亂行情，逼所有室友，都得改變不摺被子的「好習慣」），凡是要上街及洽談事情，絕對是西裝革履，相對之下好像我們都太隨便了點。

　　不過畢竟還是個十幾歲的年輕人，這小子竟然還是許冠傑的歌迷呢。平常時候，上可以談論中國歷史、國共內戰，下則談談彼此的學生生活、家庭狀況，以及一些我們共同熟悉的人物：「毛澤東？蔣介石？還是列寧和史達林？」錯！其實是王菲和那英啦。娛樂界大概是兩岸交流中，跑得最快的產業，至於談起港片和港星，可就人人皆知了，香港娛樂工業在促進兩岸共識上，可真是功不可沒。

　　不過最讓人印象深刻的，還是他的俄文能力。一天早上，宿舍管理員跑來通知我們，他那口霹靂啪啦的俄語一發射出來，應門的我當場陣亡，接著室友們也前仆後繼倒在火線上，就是沒人搞得清楚，她到底說了什麼。不得已把還在睡大頭覺的大陸同胞挖起來，結果事情一下解決了，原來內容是這樣：「明天宿舍要除蟲，會沿著牆腳噴殺蟲劑，所以不要把日用品放在地上免得被污染。」當下大家對他語文能力的景仰，簡直如滔滔江水，奔流不止了

　　總之，他是個滿可愛的年輕人，相處時間雖短暫，卻是相當愉快。人生變化無常，各自生長於天涯一方的兩人，卻在俄國相遇，同室而居，不能不說是種奇妙的際遇，但願還有相遇之日……不過，希望可別是在戰壕裡。

KsKsKss[1]……小貓過來

　　我一直很喜歡貓，俄國貓似乎又特別的可愛，除了長相佳，個性也非常的溫馴，一點也不怕人。在路上的貓都是一派從容，讓你隨便

1　這是在俄國呼叫貓用的聲音，發出這種聲音，貓咪就知道你想要餵牠吃東西。

撫摸。大概是貓太多了，聖彼得堡街上，倒產生了一種特殊的攤位，專門賣小貓。小攤販在身邊擺上一箱毛茸茸的小貓，等著生意上門，如果想要，只要付給他十盧布，便能帶走一隻小貓。如果看小貓實在可愛，可是又實在沒辦法養，也可以出些錢「資助」老闆，來養這些貓，其實，這有點變相乞討的味道了。然而，有時候小貓討到的錢，還比人多呢。

至於俄國貓到底有多可愛，請看下方所附照片中，觀眾詢問率最高的「海神柱之貓[2]」，人人都覺得好可愛，甚至要求加洗給他們，光這張照片就送出了三張。照了將近五百張的照片，結果只有這張有人欣賞，真是……。往好的方向來看，至少可以肯定兩件事：一、俄國貓真的很可愛。二、起碼有把牠的可愛照出來。或許該考慮，把這張相片放在作者欄裡，所謂「不看僧面看佛面」，讀者可能會賣可愛小貓的面子，好歹把內容翻一翻。

野性的呼喚

養狗的也不少，而且俄國人養的還是以大狗居多。之前認為，在這種北國的嚴酷環境中，狗都該像《白牙》或《野性的呼喚》裡的白

---

2 因為是在海神柱旁照的

牙和巴克一樣，強健而凶狠，只要主人有令，就把人的咽喉給撕開。不過實際上，大部分的狗都非常馴善。雖然俗語說：「會叫的狗不咬人」，不過俄國狗既不吠叫，也不咬人，多半只是一邊喘氣，一邊在主人身邊繞來繞去。當狗主帶他們上公車時，也多半像塊地氈般靜靜坐著，隨著擠公車的人潮推擠，只是偶爾晃晃尾巴，免得給踩著了。看起來，俄國狗的個性還比較像貓。

不過套句廣告詞：「世事無絕對」，有次就在公車上碰到猛犬了。某天回宿舍的公車上，來了一對男女，還牽了一隻長的像野狼（尺寸也滿像的）的大狗。這對俊男美女上了車之後，就和大部分的俄國情侶一般，旁若無人的擁吻起來。這種事早見怪不怪了，問題在於他們養的大狗，一屁股便坐在我的右腳上頭。而且，牠似乎覺得我的腳背造型，很符合「狗體工學」，坐起來得其所哉，穩如泰山。

乖乖，這傢伙起碼有三十公斤，不久我的腳就發麻了。問題在於，每當我試圖把腳抽出來一點點時，這條「野狼」就回過頭來，用凶狠的目光警告我別輕舉妄動。而我試圖換個方式，想用腳指把牠頂起來時，牠乾脆把狼牙都露出來了。這下可好，眼看公車快要到站了，我卻動彈不得。至於牠的主人們，正吻得渾然忘我，如果這時候有人企圖去打斷他們的輕憐密愛，這頭忠犬想必會義不容辭地替牠的主人把對方「報銷」掉。

幸好他們早了我一站下車，把這條野狼也拉走了，不然這條狗王要是坐得滿意，順便我的腿上撒泡尿來「訂位」的話，可吃不完兜著走了。所以囉，照了一堆貓的相片，甚至也照過海鷗、麻雀，就是沒有半張狗。

識途老鳥

　　餵鳥很有趣，在外套口袋裡塞一塊麵包，等車或歇腳的時候，掏出一點麵包或餅乾屑，往地上一丟，無所不在的麻雀，就會凌空而降。這些城市鳥，一點也不怕人，如果把食物放在手上，牠們甚至就直接跳到手掌上享用。只要一隻鳥發現有「好料」，其他的同伴就像跳蚤市場的攤販一般蜂湧而上。餵食者停留的時間如果夠久，一次聚集個上百隻也是常事。看牠們跳上跳下爭食，總比在手機上玩貪吃蛇，或者聽響鈴音樂來打發時間，要有趣得多了。

　　城市裡鳥口眾多。海邊翱翔的海鷗，每當清晨及黃昏，常常悠閒地掠過宿舍窗邊。公寓區附近的渡鴨也不少，這種鳥兒幾乎什麼都吃，搶食時非常帶勁，只是叫聲實在太難聽了，不受餵食者歡迎。不過不管怎樣，和城市中的勞碌眾生一樣，大家都在努力求生，相較之下，聖彼得堡的鴿子，簡直好吃懶做到慘不忍睹的地步。

　　聖彼得堡的鴿子，幾乎從來不飛。大概是飼料太好了，他們甚至連在地上跳來跳去都懶，每天只是在廣場和人行道上，像液體一般淌來淌去。非得到行人的腳都要踩到頭上了，才心不甘情不願地「流」開個幾步。實在是懶到讓人看不過去。因此一位朋友，每當看到鴿子聚集在一起，就會採用沙坑跳遠的步驟，助跑然後像炸彈一般，轟然降落在鴿群裡面，逼他們好歹飛上一飛。不過即使採用這種激烈手段，效果仍然不彰，這些懶鬼，頂多意思意思的騰空半公尺，然後又劈劈啪啪落回原地。其實，歐洲各大城的鴿子，似乎都懶懶散散的，

而在聖彼得堡這個城市裡，生活步調緩緩流動，空氣中總有一絲慵懶的味道，鴿子不加倍懶惰，反而不太合理了。

漫漫長日，映照著徐徐流動的聶瓦河，和活得有點漫不經心的城市動物，也照射著隨著人群緩緩流動的我⋯⋯。

第二十七章

漫長的告別

離開的前一天

離開聖彼得堡的前一天，下午四點，從浴血教堂走出來，打算回到宿舍去。沿著運河走時，遊客仍熙熙攘攘來去。渡船頭的女船主，正在用擴音器發射她那有若機關槍一般的俄語。在這待了一個月，她說的東西，還是一個字都聽不懂。不過就算從巴塔哥尼亞（別問在哪，反正很偏遠就是了）來的，也猜得出是在招攬遊客來搭乘遊艇。

一路走過俄羅斯博物館、海鷗餐廳（城內名勝之一，不過因為太貴，從來沒去吃過），到了聶夫斯基大道上。本來想就此上搭公車的，回過頭來，看到運河彼端的浴血教堂，火炬型的尖頂（或者比較通俗的稱呼「洋蔥頂」），在陽光下閃爍著金芒……我決定再多走一段路，將美好的景緻烙印在腦海裡。

八、九月之交，俄國短促的秋天已然開始了。落葉開始在人行道上堆積，街角的老

頭兒正賣力拉動他的手風琴，在午後和暖的秋風中格外動聽。我把口袋中所有的盧布，都丟入他面前的盒子中（當然還留下一點車錢），明天，就再也用不到這些了……。

　　沿著聶夫斯基大道，往瓦西里島的方向走，經過一長串的櫥窗，經過文學咖啡館（該處因普希金在此，吃他決鬥斃命前最後一餐而聞名。說到它的價錢，大概也只有要吃今生最後一餐的時候，才會考慮來這裡）。在此轉個彎，可以經過郵電總局，穿過勝利之門而到達冬宮廣場。據說一九〇五年的時候，沙皇的士兵在這裡，斃了不少請願的平民（後來又幹過一次，不過還是不要在這麼美的時刻，思考這種血腥的俄國革命問題），我現在則只要小心，不要被賣紀念品的小販痛宰就是了。湛藍的天空映襯下，廣場中勝利之柱頂上的天使彷彿要乘風飛去；載客馬車的馬蹄在廣場的石板上，敲出連綿的清脆響聲。連廣場上賣冰淇淋的小販，都顯得有點懶洋洋的，沈醉在這個長日將盡的午後裡。

　　幾乎每天都會走過宮殿橋，此橋連結瓦西里島與聖彼得堡市中心，聶瓦河的河面在此驟然變寬。天氣晴朗的時候，光是靠在欄杆上看著海鳥上下翱翔，灰藍色的河水在和風中晃盪，以及水翼船疾駛而

翻捲起的白色浪花，許多時間就不覺逝去了。夏天那長長的白晝，有時會帶給人一種時間流動變慢的錯覺，忘記了人生其實是很短促的……。倚著宮殿橋的我，也試著不去想起，就在明日便將離去。

　　走過宮殿橋後，正好來了一班公車，趕忙擠了上去，逃離了令人留戀的景色。面臨道別的時候，總需要一點勇氣，若能毅然轉身而去，多少能抑制一些惆悵之情。

離開

　　離開當天，一如平常，鬧鐘一響就醒了。室友們在這幾天內，已陸續搬到寄宿家庭去了，宿舍裡空空蕩蕩的。冰箱裡能吃的東西，早幾天就請朋友們來把它消化光了，連稀世珍品的台灣泡麵，都送了人。還好，冷凍庫裡還有個半融化的冰淇淋甜筒可以墊底。不吃還好，越吃越覺得滋味無窮，於是打算去芬蘭灣邊繞繞，順便再買它半打冰淇淋來吃。

　　初秋，藍天上有些雲，風微涼，陽光仍很和煦。海邊的沙暖暖的，拍在岸邊的波紋若有似無，芬蘭灣的波浪，老是這麼有氣無力的，真是一點也沒職業水準，好像忘記自己是海裡來的一樣。站在深僅齊膝的水裡，感覺略帶鹹味的海風拂過臉龐。遠遠望去，平靜的海面上，只有隱隱約約的船影。從海裡回頭望，基洛夫號裝有五吋大砲的砲塔，以及整個紀念建築，就不像近看那麼突兀了。在無盡的藍天以及廣闊的俄羅斯大地之間，一切人為的痕跡都相對顯得微渺了。即使如此，還是該感謝彼得大帝以來的統治者，營造了這座美麗的城

市，它帶給我的深深悸動，並不遜於這亙古以來就吹拂不歇的海風。

每個城市，都有它獨特的氣息，而當一座城市構築得很有「文化」的時候，在城市裡的活動，自然就成為文化活動了。要提昇一個城市的氣質，其力量雖然是自發的，卻也需要時間。不是辦幾個活動、蓋幾個公園和紀念碑，就能達成的。或許我們在毀去或成就一座建築之前，都能稍微停下來想想：相對於城市的興衰歲月，每個人在其中存在的時光，都只能算是一瞬間而已，而我們究竟要在此留下怎樣的痕跡？

回神走上岸邊，把口袋裡最後一批明信片，丟進海邊的郵筒，順手又買了兩支冰淇淋，邊吃邊往宿舍走去。等走到宿舍應該就吃完了，正好可以在樓下的販賣部再買兩支……。

該回家了！

第二十八章

後記

From St. Petersburg With Love [1]

終於回到家了。在等候出境時,四周的手機鈴聲此起彼落,我不由得便感到煩躁起來。過去一個月來,已然放慢的感官與心情,驟然間,在這無法承受的空氣中,有股急速流動的焦慮氣氛。我無意識地撥弄著行李箱上的扣環,感覺些許的恍惚,懷疑自己是否剛從一場大夢中醒來。

很快就回到了原來的生活,每天在車陣中忍受燠熱的廢氣,和夏末炙人的陽光,然後繼續翻閱密密麻麻的枯燥資料,就這麼過了一天,又一天。

房間裡除了多了張俄國風景海報,也說不上有什麼改變。畢竟現實生活裡的這一切感覺還是很熟悉,甚至還有點親切感。只是難免些許遺憾,以為曾經深深充盈於我心裡,那種閒適與寧靜的感覺,竟然那麼快就

---

1 這篇名靈感來自伊恩・佛萊明的007系列《俄羅斯情書》(From Russia with Love)

被沖淡了。或許在匆匆的人群裡，放慢腳步實屬不易，連在心底保留些許散漫的感覺，竟也成了一種奢侈。

從俄國回來有一陣子了，這一段生活的基調是很平淡的。而愈在人群中獨自穿梭，寂寞的感受就益發真切。在俄國，由於心情上是個過客，逗留的時光稍縱即逝，在乎的只是盡情享受，不要留下遺憾。而回到曾經短暫脫離的現實生活後，許許多多的事情，真真切切地發生在身邊，有的很愉快，有些則令人悲傷。作為參與者的我，多半只能選擇默默承受，但又渴望能為這些積壓的情感，找尋一個出口。

於是，開始利用空閒時間，寫下在俄國時的吉光片羽。一方面希望能讓朋友們藉此分享我的愉悅印象，一方面也希望為自己留下些什麼，藉以憑弔那段時光、那段回憶，以及記錄下處在那樣的環境中有些笨拙、但充滿好奇心與冒險精神、那般截然不同的我，原來真的曾經存在過。

光憑在俄國短短一個月的觀感，便寫出這些東西，很難避免觀察不夠詳盡、以及摻雜太多主觀意見的問題。不過，在一個地方待上廿年，其熟悉的程度，自然遠超過匆匆的過客；然而太多的事情，也會因為習以為常，難以找尋初臨時的驚喜。重要的是，我本身享受著這寫作的過程，希望讀的人，也能感受這單純的愉悅，並引起一探究竟的好奇心，進而去獲得屬於自己的感受，不論是悲或喜……。

聖彼得堡和任何一個城市一般，不是人間天堂，生活在其中的人，和你我一樣，過得有悲有喜。而在城市光鮮的外表下，多半的人都活得辛苦。陽光下，仍有許多人被迫在暗影中掙扎。即使短短的一個月中，所見的事情，多半讓人愉悅，卻也有很多事，使人感到悵

惘。而從台灣這個相對富裕的社會，來到衰落的俄羅斯，對照往昔蘇聯的強大，給人的感覺，是淡淡的惆悵與憂傷。我選擇用輕鬆點的方式去提起這些事情，是因為……即使眼眶中含著眼淚，帶著微笑去訴說，感覺還是好些。

而文中呈現的，是我所見所感，而且很明顯地，身為一個阿達觀光客，在那段日子裡，實在做了不少蠢事。所以盡量不在文中提及他人，以免傷及無辜。只是，不免淡化了同伴在這段旅程中的重要性。實際上，在準備出國的過程中，得到許多人熱忱的幫忙。同行的朋友們，在前往俄國的途中，以及日後在聖彼得堡的日子裡，給了我許多的照顧。尤其是帶領著我，走過了還沒熟悉環境前那段惶惶的時光。對於和這些有趣的人相處，所帶來說不盡的歡樂，在此表達感謝之意。

在寫作的過程中，多位朋友在試閱的時候，提供了我一些正面的鼓勵。例如印出來的「墨色」很清晰、採用的「字形」很美觀，還有印表紙的「紙質」很高級，拿來包油條尺寸剛好……在此仍然感謝他們給予我繼續寫作的勇氣。

對於本書開頭的問題：「為什麼想要去俄國？」，在即將擱筆的一刻，有必要提供一個比較完整的答案。我先從聖彼得堡的一場雨說起……。

八月的俄國，天氣多半晴朗，偶爾會下場細雨，讓整個城市籠罩在一片朦朧之中。某夜我走在街上，突然下起了傾盆大雨。午夜的街道上杳無人車，水幕遮蔽了遠方的視線，只有路燈昏黃的光影，在雨中暈開，伴著被困在傘下的我。在此刻突然意識到，身在陌生的天

涯，作為一個異鄉旅人的孤絕，我想起家人、朋友、思念的人，那熟悉的一切，此刻竟都是如此遙遠，在剎那間我陷入恍惚。

是的，俄國離家鄉，實在是太遠了。當初之所以帶點任性，跑到這個陌生的城市。也許內心深處所企望的，就是這麼一刻的恍惚吧？遠到無從想像的距離，把我從習以為常的一切中抽離出來，為自己所做的一切，增加一抹朦朧的色彩。於是，對一個人同樣濃烈的思念，因為發自遠方，彷彿多了一分詩意；而對朋友同樣真誠的問候，在加蓋了俄國郵戳之後，似乎便有那麼幾許難言的風味。

直到被困在這樣的一場雨中，我才真正意識到自己身在俄國，領悟到我所希望的，是能在這樣截然不同的環境中，面對難以預料的未知情境，去證明自己，能夠更勇敢地去面對往後的生活與感情。

那麼，我達到目的了嗎？我只能說，屬於相異時刻的心情、發生在不同情景中的感動，在發生的同時，便已成為獨特的永恆，那是無法複製、無可替代的。彷彿走出散場的電影院，銀幕外的世界還是亮晃晃、鬧哄哄的，剛放映的故事是真是假，並不那麼重要，只要電影好看，就不至於後悔了。

所以，我很高興自己走過了這一遭。

國家圖書館出版品預行編目

聖彼得堡光與影 / 郭沛一 作. -- 一版. -- 臺北市
: 秀威資訊科技, 2008. 01
　　面 ；　公分. -- （北亞地區）
ISBN 978-986-6732-65-2（平裝）

1. 遊記　2.俄國聖彼得堡

748.9　　　　　　　　　　　　　97000086

北亞地區　　TA0002

聖彼得堡光與影

作　　者 / 郭沛一
發 行 人 / 宋政坤
主　　編 / 許人杰
執行編輯 / 賴敬暉
圖文排版 / 蔣緒慧
封面設計 / JOYCE
數位轉譯 / 徐真玉、沈裕閔
圖書銷售 / 林怡君
法律顧問 / 毛國樑　律師
出版印製 / 秀威資訊科技股份有限公司
　　　　　台北市內湖區瑞光路583巷25號1樓
　　　　　電話：02-2657-9211　　傳真：02-2657-9106
　　　　　E-mail：service@showwe.com.tw
經 銷 商 / 紅螞蟻圖書有限公司
　　　　　台北市內湖區舊宗路二段121巷28、32號4樓
　　　　　電話：02-2795-3656　　傳真：02-2795-4100
　　　　　http://www.e-redant.com

2008年1月　BOD 一版
定價：240元

讀 者 回 函 卡

感謝您購買本書，為提升服務品質，煩請填寫以下問卷，收到您的寶貴意見後，我們會仔細收藏記錄並回贈紀念品，謝謝！

1.您購買的書名：＿＿＿＿＿＿＿＿＿＿＿＿＿＿＿＿＿＿＿

2.您從何得知本書的消息？

　□網路書店　□部落格　□資料庫搜尋　□書訊　□電子報　□書店

　□平面媒體　□朋友推薦　□網站推薦　□其他＿＿＿＿＿＿

3.您對本書的評價：(請填代號　1.非常滿意 2.滿意 3.尚可 4.再改進)

　封面設計＿＿　版面編排＿＿　內容＿＿　文/譯筆＿＿　價格＿＿

4.讀完書後您覺得：

　□很有收獲　□有收獲　□收獲不多　□沒收獲

5.您會推薦本書給朋友嗎？

　□會　□不會，為什麼？＿＿＿＿＿＿＿＿＿＿＿＿＿＿＿＿＿

6.其他寶貴的意見：＿＿＿＿＿＿＿＿＿＿＿＿＿＿＿＿＿＿＿

　＿＿＿＿＿＿＿＿＿＿＿＿＿＿＿＿＿＿＿＿＿＿＿＿＿＿＿

　＿＿＿＿＿＿＿＿＿＿＿＿＿＿＿＿＿＿＿＿＿＿＿＿＿＿＿

　＿＿＿＿＿＿＿＿＿＿＿＿＿＿＿＿＿＿＿＿＿＿＿＿＿＿＿

讀者基本資料

姓名：＿＿＿＿＿＿＿＿＿＿＿　年齡：＿＿＿＿　性別：□女 □男

聯絡電話：＿＿＿＿＿＿＿＿＿　E-mail：＿＿＿＿＿＿＿＿＿＿

地址：＿＿＿＿＿＿＿＿＿＿＿＿＿＿＿＿＿＿＿＿＿＿＿＿＿＿

學歷：□高中(含)以下　□高中　□專科學校　□大學

　　　□研究所(含)以上 □其他＿＿＿＿＿＿＿＿

職業：□製造業 □金融業 □資訊業 □軍警 □傳播業 □自由業

　　　□服務業 □公務員 □教職　□學生 □其他＿＿＿＿＿

To：114

　　台北市內湖區瑞光路 583 巷 25 號 1 樓

　　秀威資訊科技股份有限公司　　　收

寄件人姓名：

寄件人地址：□□□

- -

(請沿線對摺寄回,謝謝!)

秀威與 BOD

BOD（Books On Demand）是數位出版的大趨勢，秀威資訊率先運用 POD 數位印刷設備來生產書籍，並提供作者全程數位出版服務，致使書籍產銷零庫存，知識傳承不絕版，目前已開闢以下書系：

一、BOD 學術著作—專業論述的閱讀延伸
二、BOD 個人著作—分享生命的心路歷程
三、BOD 旅遊著作—個人深度旅遊文學創作
四、BOD 大陸學者—大陸專業學者學術出版
五、POD 獨家經銷—數位產製的代發行書籍

BOD 秀威網路書店：www.showwe.com.tw
政府出版品網路書店：www.govbooks.com.tw

　　永不絕版的故事・自己寫・永不休止的音符・自己唱